Le Siècle.

LOUIS NOIR

CAMPAGNE DU MEXIQUE

SOUVENIRS D'UN ZOUAVE

PARIS
BUREAUX DU SIÈCLE
RUE CHAUCHAT, 14.

A. VIALON, DEL.   J. GUILLAUME, SC.

On trouve encore dans les bureaux du Siècle :

STOIRE DES DEUX RESTAURATIONS (DE 1813 A 1830), par M. ACHILLE DE VAULABELLE.
Huit volumes in-8°. — Prix : 40 fr., et 20 fr. seulement pour les abonnés du journal *le Siècle*.

HISTOIRE DE LA RÉVOLUTION DE 1848, PAR M. GARNIER-PAGÈS.
Huit volumes in 8°. — Prix : 40 fr., et 20 fr. seulement pour les abonnés du journal *le Siècle*.
Ajouter 55 c. par volume pour recevoir *franco* par la poste

faciliter aux abonnés l'acquisition de l'un ou l'autre de ces ouvrages importants, il leur sera loisible de se les procurer par parties de deux volumes chaque, au prix de 5 fr pris au bureau, et de 6 fr. par la poste.

Louis Noix

CAMPAGNE DU MEXIQUE

SOUVENIRS D'UN ZOUAVE

AVANT-PROPOS

Notre intention, en publiant ces souvenirs de la campagne du Mexique, n'est pas de faire l'histoire de cette expédition, mais un récit anecdotique, une chronique des *faits et gestes* de nos soldats. En nous plaçant à ce point de vue modeste et familier, nous espérons montrer sous son véritable jour le type le plus original et le plus marquant peut-être de notre époque ; nous voulons parler du *troupier français*, qui a pris de si grandes proportions depuis le jour où se réveilla la grande nation, et qui a joué, aux heures solennelles de l'histoire contemporaine, le principal rôle du drame européen.

Cette importante figure de notre temps, trop peu étudiée, n'est connue que sous certains aspects. Selon nous, dans les relations de guerre, les écrivains se sont trop occupés de l'armée, trop peu du soldat ; et, par ce mot, nous entendons toutes les individualités, du général au simple fantassin. Nous mettrons le type en pleine lumière, si faire se peut, et nous expliquerons ce caractère, singulier mélange de gaie bonhomie et d'intrépidité chevaleresque, de folle insouciance et de stoïque résignation ; nous dirons combien la capote grise cache de bon sens, de fermeté et de droiture, le tout marqué au coin d'une imagination originale qui jette sur tant de qualités son poétique reflet.

On aura alors le secret de certaines victoires impossibles, de certains faits d'armes inexplicables pour ceux qui ignorent tout ce qu'il y a d'intelligence guerrière, de mépris du péril et d'instincts stratégiques dans les rangs de notre armée, si brillamment commandée par cet admirable cadre d'officiers et de sous-officiers que nous envie l'Europe, si savamment dirigée par la plus riche pléiade de généraux qui soit au monde.

Notre but n'est donc pas de raconter des batailles que l'on connaît déjà quant aux manœuvres qui décidèrent de la victoire ; nous voulons surtout dépeindre le *caractère particulier* de ces batailles, car toute action de guerre a une *physionomie* spéciale qu'il s'agit de saisir et de déterminer si l'on veut être vrai, si l'on veut surtout vivifier le récit et le rendre attrayant. Nous dirons pourquoi l'on se battit avec rage à Orizaba ; pourquoi l'on fut si gai tant que dura le siège meurtrier de Puebla.

Chaque arme, chaque régiment a aussi son cachet à part ; le fond est toujours le même, mais l'aspect varie. Nous ferons défiler sous les yeux du lecteur tous les corps de l'armée en signalant les traits qui accentuent les différences.

Nous suivrons pas à pas la marche de l'expédition ; nous pénétrerons dans les bivacs ; nous décrirons les mœurs, us et coutumes du troupier. Nous ferons de sorte, en un mot, que nos portraits soient des photographies fidèles, prises sur le vif. Du reste, jamais campagne ne fut plus féconde en merveilleux succès ; nos lecteurs ne liront pas sans une émotion profonde et un légitime orgueil cette défaite inouïe de trois mille hommes par la compagnie Diétri ; ces charges de deux cents fantassins contre des corps d'armée. Et qu'on ne s'y trompe pas ! la défense de Puebla a prouvé que nos adversaires étaient braves ; mais nous dirons les défauts de leurs légions, qui en plusieurs rencontres se sont montrées dignes de nous par leur courage.

Quoique ces souvenirs soient surtout recueillis parmi les zouaves du 2e régiment, dont nous avons eu l'honneur de faire partie, nous ne négligerons pas l'historique des autres corps ; mais en raison des matériaux que nous avons assemblés et du plan que nous avons adopté, nous ferons du 2e zouaves, auquel notre passé militaire nous rattache, le pivot de ce *récit anecdotique*.

Nous devenons avec joie le chroniqueur de cette expédition si glorieuse pour nos armes ; puissions-nous ne laisser dans l'ombre aucune des actions d'éclat qui ont illustré nos aigles sur ces plages lointaines !

CAMPAGNE DU MEXIQUE

SOUVENIRS D'UN ZOUAVE

PUEBLA

L'EMBARQUEMENT.

Un campement d'Afrique. — Le zouave en faction. — Le travail. — Monographie du zouave. — Esprit de corps. — Le recrutement. — Éducation. — La levée d'un camp. — Marche rapide. — Départ.

Le 16 novembre 1861, plusieurs compagnies de zouaves du 2ᵉ régiment étaient campées au Tlélat, à quelques lieues d'Oran; ces compagnies construisaient une route. En Afrique, l'armée française, imitant les grands exemples des légions romaines, a sillonné sa conquête de longues voies stratégiques, exécuté des *ouvrages d'art* innombrables et créé des villes sur l'emplacement de ses bivacs : les nations vraiment militaires se distinguent toujours par leur aptitude aux travaux gigantesques; c'est par la pelle et la pioche, plutôt que par l'épée, que Rome conquit le monde. Une des plus précieuses qualités de nos soldats est cette merveilleuse facilité avec laquelle les combattants se transforment en pionniers.

Les zouaves campés au Tlélat étaient rentrés sous leurs gourbis (cabanes) d'alfa depuis quelques instants déjà; c'était l'heure de la sieste ; chacun dormait sous le frais abri de verdure qu'il s'était industrieusement construit. Les sentinelles seules veillaient, mais avec cette nonchalance apparente, particulière au soldat d'Afrique en faction. A voir un zouave, appuyé sur sa carabine, les yeux demi-clos, la pose abandonnée, on se figurerait qu'il ne prête aucune attention à ce qui se passe; mais qu'un bruit léger vienne mourir jusqu'à lui, qu'une ombre suspecte paraisse à l'horizon, aussitôt le soldat qu'on croirait endormi redresse la tête; son regard perçant sonde l'espace; son oreille inquiète interroge la brise.

C'est un trait de mœurs digne de remarque et qui frappe l'observateur que cette surveillance active au milieu d'une demi-somnolence. Du reste, tout est étrange, pittoresque, original dans ce corps des zouaves; leurs régiments, créés depuis quelque vingt ans seulement, ont déjà fait le tour du monde, et sont revenus rapportant d'impérissables et glorieux souvenirs dans les plis de leurs étendards.

Le zouave est certes un des types les plus saillants de notre armée : non qu'il l'emporte sur les autres en courage ; sous ce rapport, la plus parfaite égalité règne entre tous nos régiments ; mais le zouave a des qualités, des aptitudes, une bravoure, et des coutumes toutes spéciales, qui lui font une place bien tranchée au milieu de nos légions. Le recrutement n'amène dans les rangs que des volontaires qui se sentent une vocation pour le genre de vie aventureux que l'on mène en Afrique; il est rare qu'on ait recours au contingent pour combler les vides, et encore fait-on un choix; de nombreux rengagements conservent un solide noyau de vétérans qui maintiennent les bonnes traditions du corps et lui conservent ses allures. Sans cesse en campagne, toujours bivaquant, même dans les courts moments de tranquillité que leur laissent les Arabes, rompus aux marches forcées, aux intempéries, aux fatigues, les zouaves doivent à cette existence semée de périls, de courses incessantes, de privations pénibles, un vigoureux tempérament militaire qui leur permet de supporter, comme en se jouant, les longs jeûnes, les dangers menaçants, les triples étapes. Leur corps semble avoir cette trempe qui rend si dur l'acier d'une bonne épée. Les campagnes d'Afrique avec leurs embûches, leurs pièges toujours tendus, leurs attaques soudaines, leur ont donné un coup d'œil sûr et prompt, une décision rapide et énergique, un sang-froid remarquable; selon le mot d'un de leurs chefs : « Au milieu des circonstances les plus imprévues et les plus critiques, ils ne se démontent pas et avisent à parer aux événements. »

Sans cesse en lutte contre des adversaires qui rampent comme des serpents, bondissent comme des panthères, frappent comme la foudre et fuient comme le vent, ils ont acquis une merveilleuse agilité et sont devenus éminemment propres aux manœuvres de tirailleurs, aux charges impossibles à travers les rochers.

Nul ne sait mieux que le zouave dissimuler sa marche et tomber à l'improviste sur l'ennemi.

Enfin, la longue habitude de braver la mort les a rendus inaccessibles aux paniques; leur dédain du trépas est proverbial; ils sont de bronze au combat. La nécessité, mère de l'industrie, a présidé à leur éducation militaire; aux prises avec les difficultés de la vie des camps, ils savent improviser des ressources là où tout semble faire faute au soldat. Chasseurs habiles, pêcheurs émérites, ils mettent à contribution la terre et l'eau; ils ont découvert aux plantes dédaignées de merveilleuses propriétés culinaires; ils savent remplacer les légumes absents par un plat d'orties; ils ont inventé le fameux rôti aux cœurs de palmier-nain; ils ont mis en vogue le lézard grillé qui a eu naguère les honneurs d'une table auguste; ils ont sucré leur café avec des caroubes et remplacé le café lui-même par le gland doux, avant que l'on admit ces substitutions comme possibles. Vatels éminents, ils ont créé des assaisonnements qui rendent supportable la chair du chacal et prêtent un goût exquis aux bifteks les plus risqués.

Leur esprit de corps est magnifique; unis entre eux, dévoués au drapeau, tous sont soucieux de la réputation de l'arme et se feraient hacher plutôt que de compromettre l'honneur du régiment. Vrais et durs soldats en expédition, ils doivent un brillant vernis d'instruction aux nombreux fils de famille qui s'engagent parmi eux et maintiennent très-haut le niveau intellectuel. Les bacheliers foisonnent aux zouaves; les docteurs en droit et en médecine, voire même en théologie, n'y sont pas rares; plus d'un gentilhomme y abrite, comme jadis aux mousquetaires, un grand nom sous une veste de simple soldat.

Aussi ces rudes compagnons, si débraillés de costume, si énergiquement rabelaisiens de langage au bivac, sont-ils en garnison d'élégants soldats qui se targuent de parler un langage choisi et de faire preuve d'atticisme. Que de fois, en Crimée, les zouaves étonnèrent les officiers russes, pendant les armistices, par l'aisance de leurs manières et le brio de leur conversation!

Tel est le zouave, tels étaient les cinq cents hommes de cette arme qui allaient partir pour le Mexique!

Comme nous l'avons dit, l'ordre de se mettre en route arriva pendant la sieste.

Dès que l'officier qui commandait eut pris connaissance de la dépêche, il fit sonner sac au dos par le clairon de garde; le camp était installé pour plusieurs mois, en dix minutes il était levé.

Nulle armée au monde ne peut être comparée à la nôtre pour l'activité. C'est grâce à cette foudroyante facilité de concentration rendue possible par le caractère du soldat et ses qualités de marcheur, c'est grâce aussi à l'admirable organisation des services, que nous pûmes en quelques jours lancer cent vingt mille hommes en Italie et couvrir Turin, quand on nous croyait encore les uns au-delà des Alpes, les autres sur les confins du Sahara.

A peine les premières notes avaient-elles retenti, que chacun bondissait hors de son gourbi, abattait les tentes, les roulait, les chargeait sur les mulets de l'intendance; puis faisait son sac, prenait son arme aux faisceaux, sa place au front de bandière et attendait le départ.

En moins de rien, ces cinq cents hommes étaient prêts à partir au bout du monde.

Ils gagnèrent Oran en quelques heures, traversèrent la ville en chantant, saluèrent gaiement de la main, parmi la population, leurs amis émus en les voyant s'embarquer pour un si long voyage, poussèrent un hourra d'adieu aux portes de la ville et gagnèrent le port de Mers-el-Kébit, où ils montèrent sur le vaisseau qui les emportait à deux mille lieues de là!

Ainsi sont nos soldats.

Enthousiastes de gloire, amoureux d'aventures, ils adorent les pérégrinations lointaines; ils passent avec joie d'un continent à l'autre; rien ne les étonne. L'Océan est pour eux un lac facile à franchir; Pékin leur semble aux portes de Paris, Mexico à deux pas.

Et de tout temps ce fut ainsi. Les Gaulois, nos pères, sillonnèrent le vieux monde de leurs émigrations périodiques au retour des printemps sacrés; de notre sol surgirent les premières armées des croisades; Napoléon promena nos aigles jusqu'au fond des mystérieuses contrées de la haute Egypte; et de nos jours nous avons visité en triomphateurs les parages les plus reculés de l'ancien et du nouveau monde.

La race n'a pas dégénéré!

LA TRAVERSÉE.

L'avenir des flottes. — Les zouaves matelots. — La vie en mer. — La diane. — Les repas. — La pêche. — Les jeux. — Représentations théâtrales. — Saltimbanques. — Orphéons. — La retraite. — Les mousses. — Le coq et le perroquet. — Le larcin. — L'amiral des mousses.

L'avenir de notre marine préoccupe l'attention publique depuis que la vapeur et les armatures de fer ont changé les conditions des combats navals; aujourd'hui un bataillon qui aurait acquis le pied marin, secondé par quelques matelots, formerait, au besoin, l'équipage d'une frégate blindée. Autrefois la France pouvait avoir des vaisseaux et manquer de marins; avec le nouveau système, l'armée fournirait à la marine un énorme contingent d'hommes suffisamment faits à la vie de bord, pour servir de garnison aux citadelles flottantes dont se composent nos escadres; la traversée du Mexique l'a prouvé.

Le temps est passé où le fantassin, étranger aux us et coutumes des gens de mer, était gênant pour l'équipage et dépaysé sur son navire. Grande fut la surprise des matelots quand ils virent le bataillon des zouaves s'installer en dix minutes et chaque homme trouver sa place sans indications; grâce à la guerre de Crimée et à la campagne d'Italie, ces zouaves avaient l'habitude de la mer; les marins le comprirent, leurs visages se déridèrent. Au moment de lever l'ancre, opération longue et pénible, les soldats se placèrent spontanément aux barres du cabestan; la lourde machine fut mise en mouvement au son du clairon, et cette opération fut terminée si vivement que les officiers s'en émerveillèrent. On sortit du port; l'ordre de larguer les voiles fut donné. Aussitôt les zouaves, avec l'aplomb de vieux gabiers, s'attelèrent aux câbles et les manœuvres furent enlevées avec une fougue, un empressement, un brio dont le commandant fut enchanté; cet entrain ne se démentit pas un seul instant pendant le voyage.

Dès lors, la plus franche cordialité régna entre les zouaves et les matelots, charmés de faire une traversée avec d'aussi bons compagnons. Du reste, les autres régiments qui furent envoyés au Mexique prouvèrent, eux aussi, que la plupart de nos soldats sont trop souvent navigué pour n'être pas utiles sur le pont d'un vaisseau. Dès le soir même, les gabiers purent admirer avec quelle industrie chaque zouave avait organisé son petit carré et avait agrémenté son étroit logement. La vie à bord est ainsi réglée; le matin, les fanfares de la diane saluent le lever du soleil; chacun saute à bas de son hamac et tout s'anime. L'on fait la toilette du navire, l'eau ruisselle sur les ponts qu'elle inonde et s'échappe par les dalots en cascades bruyantes qui étincellent sous les premiers feux du jour. Bientôt le café bouillant coule à flots dans les vases d'étain, épandant ses arômes; des larges panses des barriques le rhum s'échappe en filets d'or ; le biscuit tombe en cassures brillantées au fond des gabelets de fer ; le déjeuner commence.

Ce fut pour beaucoup de marins un bizarre spectacle que celui de ce premier repas ; le navire avait un aspect original et inaccoutumé ; ces zouaves au costume oriental, savourant avec délices cette liqueur ambrée si chère aux mulsumans, faisaient songer à ces fameux corsaires barbaresques qui furent si longtemps l'effroi de la Méditerranée.

Singulier retour des choses d'ici-bas ! Le turban redouté des janissaires algériens orne les têtes des soldats francs, et le riche uniforme de cette milice fameuse donne à ces fiers régiments d'Afrique un cachet poétique qui en fait les troupes les plus pittoresques du monde. Après le déjeuner les cigarettes flambèrent, les discussions s'engagèrent, bruyantes et semées de ces traits vifs et piquants qui donnent un tour si humoristique à la conversation du zouave.

Les marins s'écriaient souvent :
— Avec les zouaves *c'est toujours la fête !*

Pendant la matinée, les jeux s'organisèrent : jeux de cartes, de loto, de dames, d'échecs, de dés, tous les jeux connus et d'autres inconnus, ceux-ci sortis de l'imagination inventive des zouaves : des luttes, des parties de gymnastique, des paris incroyables, des défis impossibles s'engagèrent ; les heures s'écoulèrent joyeuses. Le dîner sonna. En mer les repas sont copieux ; outre le café et le rhum, la ration de vin est large. De plus, chacun peut pêcher, et dispose d'un petit filet qu'il a le droit de déposer, garni de ses provisions particulières, dans la chaudière commune, une vraie marmite de Gargantua. Grâce à la pêche et aux relâches, les zouaves augmentèrent considérablement leur ordinaire. — Après le dîner, la sieste. Chacun étend au-dessus de sa tête sa petite tente, qu'il accroche aux agrès ; les cinq cents zouaves, grâce à d'habiles combinaisons, trouvaient tous un coin pour fumer à l'ombre : ils se juchaient partout, jusque dans les hunes. Vers deux heures, les jeux reprennent jusqu'au souper, qui finit à cinq heures. C'est alors le moment le plus animé de la journée. Les directeurs des troupes des marionnettes montent leurs petits théâtres ; les drames héroïco-burlesques se jouent à côté des comédies de mœurs ; les saltimbanques font des tours de gobelets et de passe ; les chiens, les rats apprivoisés, les souris blanches, les lézards domestiques, tous les animaux savants que les zouaves aiment à dresser se livrent à des exercices intéressants ; le public choisit selon ses goûts ; tout est gratis et l'on peut siffler !

Les *cercles* s'établissent. Le *cercle* est un groupe qui se forme autour d'un improvisateur, lequel est chargé de manier le fouet de la satire ; il prend pour thème un ridicule ou un préjugé et il cingle les travers de la société.

A la nuit noire, les chanteurs se portent vers l'avant ; les romances, les chansons, les couplets, les chœurs se succèdent aux applaudissements de la foule ; puis tout se termine par une retraite autour du navire et chacun descend dans sa batterie ; il ne reste plus sur le pont que les hommes de quart ; l'on s'endort sous la garde de la vigie qui veille dans les hunes et le navire glisse silencieusement sur les flots, laissant derrière lui un sillage phosphorescent qui va s'effaçant au loin.

Telle était la vie à bord.

Plusieurs incidents signalèrent cette traversée, incidents causés par les mousses. Aucun gamin, y compris celui de Paris, n'est plus rusé, plus espiègle, plus turbulent, que le mousse qui entend tout, se glisse partout, voit tout, connaît tout ; il nargue les gabiers, *chippe* le tabac du *coq*, casse les pipes du quartier-maître, entremêle les pavillons du timonier, ne craint personne, brave les taloches et rit des punitions. C'est le lutin du bord. Bref, les mousses s'ingénient sans cesse à jouer mille tours dont ils vont faire des gorges chaudes au fond de la cale, où ils se réfugient quand ils ont tenté un mauvais coup, et où ils tiennent leurs conseils de guerre.

A bord, les mousses eurent l'adresse pendant trois jours de suite d'enlever le dîner des sous-officiers presque sous les yeux du *coq* qui servait la table ; personne que lui ne pouvait entrer dans la salle, et les plats disparaissaient aussitôt qu'il tournait le dos. Enfin, un jour, on découvrit les mousses assis en rond dans la soute aux bagages autour d'un poulet qu'ils grignotaient en vrais rats de vaisseau qu'ils étaient.

Ils avouèrent qu'ils s'emparaient des comestibles par une lucarne dont ils avaient descellé le verre ; ils se servaient d'une ligne et d'un hameçon pour hisser les morceaux.

Punis pour ce fait et furieux du châtiment, ils s'en prirent au *coq* ; celui-ci possédait un perroquet auquel il tenait beaucoup ; les mousses n'osèrent l'étrangler, car ils savaient qu'on les accuserait de cette mort : mais ils imaginèrent d'apprendre à l'oiseau les épithètes les plus malsonnantes envers son propriétaire. Quand le perroquet vociféra ses interpellations, il fallut bien lui tordre le cou pour faire cesser ses inconvenantes sorties ; les mousses firent rôtir leur victime et la mangèrent ; c'était pousser loin la rancune.

Enfin l'un d'eux maugréait un jour parce que, selon lui, le navire allait trop vite, ce qui, disait-il, empêchait le poisson de mordre à sa ligne ; un officier entendit les plaisantes récriminations du petit bonhomme.

— Ne crois-tu pas, moutard, — lui dit-il en riant — que l'on arrêtera le navire pour toi ?
— Si je le voulais, il le faudrait, — répondit le mousse.
— C'est trop fort ! — dit l'officier étonné de tant d'aplomb.
— Eh bien, regardez, — fit le mousse. Il courut à la dunette et se jeta à la mer. Force fut de stopper et de mettre les embarcations à flot pour rattraper le mousse, qui fut ramené à bord, mais qui avait arrêté le navire et toute l'escadre pendant une heure. — Maintenant, — dit le gamin avec effronterie en remontant sur le pont, — je puis me vanter d'être l'amiral des mousses ; j'ai bien gagné mes épaulettes.

Malgré toute leur malice, on pardonne beaucoup à ces marins en herbe, à cause de la joie du navire.

Nous avons donné une idée de ce que sont les zouaves en mer ; nous ne nous appesantirons pas davantage sur les détails de la traversée pendant laquelle ils se comportèrent de telle façon qu'un officier de marine très compétent disait :

— Avec une poignée de gabiers et un bataillon de zouaves, je formerais en un mois un équipage d'élite pour un navire blindé.

C'est la solution d'un grand problème.

Le 9 février 1862, on était en vue de la Véra-Cruz, après trois relâches ; les troupes saluaient les côtes du Mexique par des hourras enthousiastes.

Chacun avait le pressentiment des brillants combats qui devaient y couronner nos aigles d'une gloire immortelle.

DÉBARQUEMENT.

Arrivée à la Véra-Cruz. — Composition de l'armée. — Types militaires : le fantassin ; le chasseurs à pied ; le chasseur d'Afrique ; les marins fusiliers ; l'infanterie de marine.

Le 9 février 1862, l'armée expéditionnaire du Mexique débarquait à la Véra-Cruz ; elle se composait de cinq cents zouaves du 2e régiment, du 1er régiment d'infanterie de marine, du 99e de ligne, d'une batterie d'artillerie de la garde et d'un peloton de chasseurs d'Afrique du 21e.

Le lecteur connaît déjà les zouaves; nous allons dépeindre le fantassin. LA LIGNE, *cette reine des batailles*, comme l'appelait Napoléon, est le centre de l'armée, le pivot des manœuvres, la base de toute opération; c'est pour préparer son action ou la soutenir que les corps spéciaux ont été créés; tirailleurs, flanqueurs ou réserves n'agissent qu'en vue des mouvements qu'elle fera, qu'elle fait ou qu'elle a faits; on peut juger de la place immense qu'elle tient dans une bataille, du rôle essentiel qu'elle y joue, de son importance capitale enfin.

Rappelons du reste cet enseignement historique, que tout peuple conquérant a possédé une puissante infanterie; loin de nous pourtant l'idée de rabaisser les services importants, indispensables, des armes spéciales.

Sans contredit, notre *ligne* est la plus belle du monde; elle doit sa supériorité au tempérament militaire de nos paysans, qui en composent la grande majorité.

Le fantassin n'a ni l'élégance, ni le brio de certains régiments, ni la science de certains autres; mais, sans manquer ni de verve, ni d'entrain, il a des qualités (nous devrions dire des vertus) militaires très-solides.

Le jour où la France a réclamé son bras, il a quitté la charrue pour prendre un fusil; aussi garde-t-il à son régiment un fonds de simplicité rustique qui lui donne un grand charme, lorsqu'au récit simple et vrai de ses campagnes, on reconnaît en lui un héros d'autant plus grand qu'il s'ignore lui-même. Son bon sens, sa ronde gaieté, son humeur gauloise si gaillarde quand on le pique, et d'ordinaire si remplie de bonhomie, le font aimer partout.

Il a, comme soldat, l'instinct inné de la guerre; il possède les aptitudes générales du métier tout autant que pas un; et, à part les spécialités auxquelles il n'est pas appelé, il reste l'égal de tous.

Et il a de plus ce mérite, que la guerre n'a pas exercé sur lui sa fascination puissante; nous parlons du moins pour le plus grand nombre.

Il aime le champ qui l'a vu naître; il se souvient de son toit de chaume, de ses vieux parents et de sa fiancée qui l'attendent.

Et c'est malgré ces affections si vives, ces attaches si fortes, que le fantassin se bat si bravement. Se rappelant qu'au-dessus de la famille, il y a la patrie, il sacrifie tout à celle-ci et fait de son corps un rempart à la France.

La mâle énergie avec laquelle ce fils de paysan brise les liens de famille qui rivent l'homme des campagnes à son clocher, en fait une figure grande et belle entre toutes.

Du reste, la bonne humeur qui s'épanouit toujours au fond d'un cœur français chasse la tristesse quand elle essaye de s'emparer de lui; lorsque le conscrit étranger se complaît dans ses regrets, le nôtre entonne un gai refrain et combat le chagrin par le rire et les chansons. Puis, dans l'âme de ce descendant des Gaulois couve le feu sacré qui fit de nous la grande nation; au moindre choc l'étincelle jaillit; l'odeur enivrante de la poudre éveille les instincts guerriers qui sommeillent dans la poitrine du paysan; quand les mâles accords du clairon retentissent, un frisson de fièvre passe dans ses veines; il s'exalte lorsque tonne la grande voix du canon; ses narines se dilatent en aspirant les émanations brûlantes du combat; son sang s'échauffe, sa tête s'anime et resplendit, il pousse à pleins poumons la clameur stridente des batailles et il s'élance avec une fougue indicible au milieu de la mêlée...

C'est alors que l'infanterie fournit ces charges fameuses, ces charges furieuses et échevelées comme les vagues dans la tempête, terribles et foudroyantes comme les avalanches des Alpes.

Rayonnant, transfiguré, superbe d'élan et de furie dans l'action, le fantassin redevient modeste après la victoire; cette vaillance dont il n'a pas conscience, qu'il oublie après l'avoir montrée, prouve combien il est brave par tempérament, sans efforts et sans le savoir...

Tel est le fantassin, que nous résumerons en deux mots : c'est le type le plus vrai de l'abnégation dans le dévouement et de la modestie dans l'héroïsme.

Le *chasseur à pied* tient le milieu entre le zouave et le fantassin.

De taille moyenne et robuste, il porte une veste aux reflets nuancés de noir et de vert, qui fait ressortir les muscles de son corps vigoureux. A le voir, on reconnaît qu'un triage a été fait dans le contingent pour composer son bataillon en vue des fatigues du pas gymnastique des tirailleurs. Le chasseur à pied est d'ordinaire un enfant de nos villes de province, qui a quitté sans trop de regrets son atelier ou sa manufacture lorsque le sort l'a appelé.

Il ne veut pas toujours rester soldat, mais il n'est pas fâché de tâter un peu des aventures de la vie militaire.

Joyeux sans être turbulent comme le zouave, railleur mais non sarcastique, soigné dans sa tenue sans chercher le pittoresque, il porte avec crânerie son léger shako; et, s'il n'a pas la régularité sévère d'uniforme de la ligne, il ne s'émancipe jamais jusqu'au débraillé du zouave. Bref, il a un cachet tout particulier d'élégance qui lui donne beaucoup de distinction militaire.

Comme soldat, il est très-instruit aux manœuvres, aux mouvements rapides et au tir de précision, rompu à la course, aux jeux violents du gymnase, il a une éducation pratique et théorique très-soignée; il se sert avec une rare adresse de la carabine Minié; il est surtout fait aux exercices de tirailleurs. C'est lui qui flanque les colonnes en marche et repousse l'ennemi par son feu; lui encore qui, par une fusillade nourrie, couvre et prépare une charge. Le zouave, par son organisation régimentaire, peut-être même par tempérament, est plus fait pour les attaques à l'arme blanche; mais le chasseur à pied, qui manie si bien la baïonnette au besoin, est certainement un tirailleur plus habile. En somme, la grande réputation des bataillons de chasseurs, réputation si méritée, prouve assez l'excellence de leur organisation.

Nous reviendrons plus tard sur l'infanterie de marine et les marins fusiliers: mais nous poserons en fait que, comme troupes acclimatées et grâce à leur dévouement, ces corps étaient destinés à compléter solidement la colonne expéditionnaire.

Le premier gage du succès est la bonne composition d'une armée; or, pour première condition de cette bonne composition, il faut qu'elle renferme une suffisante variété d'éléments, afin que chacun d'eux remplisse les missions diverses nécessitées par les éventualités et les phases d'une bataille. On a vu que, sous ce rapport, le corps expéditionnaire du Mexique ne laissait rien à désirer.

Mais la variété ne suffit pas; il faut encore qu'entre les éléments différents il y ait aussi affinité sympathique pour que les parties forment une unité compacte. La cohésion est la plus grande force d'une armée; sans elle, les corps mal liés flottent dans l'action, se soutiennent mal, ne se complètent pas à propos l'un par l'autre; sans elle, la confiance dans un régiment dans son voisin n'existe pas, l'avant-garde ne compte plus sur le centre ni celui-ci sur l'arrière-garde; aussi plus d'élan.

Au Mexique, les zouaves, les chasseurs et le brave 89e de ligne se connaissaient de longue date; une vieille estime cimentait leur amitié; ils étaient, comme ils le disaient, des bataillons frères; quand au feu ils eurent apprécié les contingents fournis par la marine, toute la colonne se souda dans un même esprit de corps et elle fit des merveilles de courage et d'abnégation malgré les temps contraires et son effectif si restreint.

Nous allons bientôt la voir à l'œuvre, et nous débuterons par cette célèbre charge d'un peloton de chasseurs contre la cavalerie ennemie.

On verra ce que sont nos chasseurs d'Afrique et ce que valent leurs coursiers numides.

LA VERA-CRUZ.

Les Anglais, les Espagnols à Vera-Cruz. — Un abrégé du monde. — Le sachem indien. — L'entrée en rade ; les préjugés s'en vont et l'estime vient. — Tohu-bohu : l'ordre dans le chaos. — Bias. — Dumanet. — Les bibelots. — Le défilé et les bravos. — Une ville improvisée. — Les dames de Vera-Cruz au camp.

Les habitants de la Vera-Cruz avaient curieusement assisté au débarquement des troupes espagnoles qui nous avaient précédés; des détachements anglais étaient aussi descendus à terre avant nous. Les différents corps de ces deux nations avaient produit une vive impression sur la population par leur belle tenue et leur aspect martial; les Anglais surtout, grâce à leur carrure colossale, avaient fait grand effet.

Vera-Cruz est une ville cosmopolite; on y voit des représentants de toutes les nations du monde, on y rencontre des trafiquants de toutes les provinces de l'empire. On trouve dans cette ville jusqu'à des Indiens, et le hasard voulut qu'un sachem puissant assistât à notre entrée; il prit de nous une opinion qui eut plus tard une grande influence sur nos opérations en Sonora, où sa tribu nous prêta son appui.

L'appréciation que l'on porterait sur nous à Vera-Cruz avait donc une importance capitale.

Et d'abord notre entrée en rade avait effacé jusqu'au dernier vestige d'un vieux préjugé; notre escadre avait subi l'examen sévère des connaisseurs, qui plus tard purent visiter l'intérieur des bâtiments ; notre marine, au point de vue de l'ensemble et des détails, fut jugée si favorablement que nos équipages devinrent l'objet d'un engouement général ; mais les opérations de débarquement firent surtout l'admiration universelle. Le Français, marin ou soldat, a deux qualités qui sont l'activité et l'instinct de l'organisation ; cette activité, qui fait que chacun se hâte, cause d'abord une confusion apparente, puis l'ordre naît soudain sans que l'on ait perdu un temps précieux en tâtonnements ; les chefs donnent le plan général et abandonnent chacun à son initiative ; on obtient alors des merveilles de rapidité.

Les troupes furent mises à terre en si peu de temps, malgré les faibles moyens dont on disposait, que les spectateurs firent tous à ce sujet les plus favorables remarques ; d'autant plus que chaque soldat se trouvait muni de son sac et de son fusil et prêt à marcher.

Les officiers étrangers observaient curieusement nos allures.

Sur les quais, les soldats, s'éparpillant au hasard, couraient çà et là, achetant les uns du tabac, d'autres des provisions, riant, causant, s'entremêlant dans le tohu-bohu le plus complet.

A l'étranger, la discipline la plus sévère est nécessaire en pareil cas ; chaque compagnie prend sa place et y reste pour éviter un pêle-mêle dont on ne se tirerait pas une fois les rangs rompus ; aussi Anglais, Espagnols, Américains, Mexicains nous attendaient-ils à la formation en bataille. Les nôtres, insoucieux, se préoccupaient fort peu de ce point si important pour les autres armées.

La confusion allait croissant. Tout à coup le clairon sonna le rappel. Il y eut alors un redoublement de cris, un mélange d'hommes, un fouillis de corps, de bras, de jambes et de têtes inextricable ; sapeurs, zouaves, chasseurs, fusiliers marins, officiers et soldats, tout le monde se heurtait, criant, jurant et courant précipitamment ; si bien que certains groupes, mal disposés sans doute, riaient d'un air sardonique.

Mais cela dura une minute à peine.

Les clairons sonnèrent le pas de course; il y eut une recrudescence de clameurs et d'activité fiévreuse parmi la colonne ; puis au moment où il semblait impossible que l'ordre naquit de ce désordre, les rangs se formèrent comme par enchantement, le front de bataille s'improvisa et en quelques instants ces hommes éparpillés de toutes parts trouvèrent leur place de combat. Les tambours roulèrent, les *garde à vous!* sonores retentirent sur toute la ligne, les mâles commandements vibrèrent, les armes résonnèrent et il se fit un silence solennel.

Les rieurs ne riaient plus : ils avaient compris pourquoi nos officiers laissaient tant de latitude aux soldats; c'est qu'ils étaient sûrs de leur intelligence. Mais ce qui frappa surtout les militaires étrangers, ce fut la simplicité de nos manœuvres de campagne ; l'aisance de nos mouvements, la suppression des alignements inutiles, longs, fatigants ; la succession rapide des ordres, la formation immédiate de la colonne.

En campagne, nos généraux n'ont qu'un but : soulager le soldat le plus possible, le faire arriver vite à l'étape, ne pas le laisser sac au dos une seule minute de plus qu'il n'est strictement nécessaire ; bref, on met de côté chez nous ces règlements fastidieux, ces formations en bataille répétées à chaque halte, ces *marquez le pas*, qui *fatiguent* le soldat et allongent de deux heures chaque journée de marche.

Il y avait là pour nous une cause de supériorité qui n'échappa point aux regards investigateurs des gens intéressés à voir. Quant au peuple, il était surtout stupéfait de la charge écrasante que nous portions.

Les habitués du port avaient eu la curiosité de peser notre fardeau ; l'évaluant à quatre-vingts livres environ, ils en avaient conclu qu'un homme ne pouvait fournir une marche avec ce poids ; ils attendaient l'arrivée des mulets.

Et vraiment ces braves gens n'avaient pas tout à fait tort ; car on s'étonnera toujours qu'un soldat puisse faire une étape avec notre havre-sac.

Voici le détail de l'équipement et de l'armement :

Il y a d'abord une carabine de treize livres ; dix et parfois douze paquets de cartouches (une livre chacun); huit jours de vivres à une livre et demie par jour, parfois quinze jours ; viennent ensuite la tente, ses bâtons, ses piquets ; puis la hachette ; le pantalon rouge, la couverture de campement, le capuchon, deux chemises, une ou deux paires de souliers, les brosses, les provisions pour deux mois de graisse, savon, etc. ; le bidon plein d'eau, une livre, un ustensile de cuisine, grand bidon ou marmite ; enfin le petit ménage particulier de chaque homme, son engin de chasse, de pêche ou l'instrument de sa petite industrie ; il arrive souvent qu'en outre il faut emporter du bois et de l'eau.

Les Romains si vantés avaient-ils de plus lourds fardeaux ? Nous le demandons à Salluste.

Quand les spectateurs virent que les mulets n'arrivaient pas, mais que chaque homme, empoignant son sac d'une main nerveuse, le faisait, d'un coup sec et vigoureux, sauter jusqu'à l'épaule ; quand, le défilé commencé, ils virent l'aisance élégante, la crâne désinvolture, la fière contenance avec laquelle nos bataillons enlevaient le pas malgré le poids du sac, il y eut un long murmure dans la foule. Clairons, tambours et musique lancèrent leurs triomphantes fanfares ; la colonne s'ébranla ; la population, muette d'abord, puis bruyante, bientôt enthousiaste, nous acclama, et l'armée fut saluée de bravos prolongés. Plus tard la foule suivit jusqu'au bivac ; une nouvelle surprise l'y attendait.

Notre armée est la seule qui possède ces merveilleuses petites tentes où le soldat trouve un abri contre le soleil, la pluie et le vent. A l'étranger, un corps de troupes ne se fait suivre par de longs convois s'il veut avoir des tentes ; mais chacun n'y porte point comme chez nous sa maison de toile sur ses épaules. Les bataillons, en arrivant sur le terrain, formèrent les faisceaux, mirent sac à terre, puis déroulèrent les carrés de toile, les assemblèrent, plantèrent les bâtons, enfoncèrent les piquets et une ville surgit comme par enchantement, avec ses rues; sur les fronts de bandière les feux flambèrent, les marmites furent placées sur des foyers creusés avec les pioches des hachettes; le café fumant fut servi; dix minutes après l'arrivée, dix minutes, montre à la main, l'armée avait dressé son camp et prenait son premier repas. Jamais on n'a atteint pareille célérité. Les spectateurs étaient ébahis.

Nombre de dames, au bras de leurs maris, étaient venues visiter curieusement le bivac; on leur en fit gracieusement les honneurs; réservées d'abord, timides, n'osant s'engager au milieu de nos rues, elles furent si galamment accueillies, entourées de prévenances si discrètes, qu'elles furent bien vite rassurées.

Elles nous accablèrent de questions auxquelles on répondit de façon à satisfaire cette curiosité inquiète et naïve qui est l'apanage des femmes; elles furent charmées de nos façons d'agir et, dès le soir même, l'armée avait pour elle la sympathie des dames, c'est-à-dire l'opinion publique, sur laquelle la femme, en tout pays, exerce une influence prépondérante.

C'était la plus belle et la plus précieuse conquête qu'il fût possible de désirer.

PREMIÈRES MARCHES.

Réembarquement des Espagnols et des Anglais. — Une fière parole. — Plus grands que nature. — Pieds nus. — Les marins à terre. — Les mystères de la marche. — La charge des chasseurs d'Afrique. — Un contre cinq. — Les gauchos mexicains. — Une route pavée de morts.

On sait que notre faible colonne, qui devait opérer avec les Anglais et les Espagnols, fut bientôt réduite à elle-même. C'était pendant la première étape; les trois corps marchaient joyeusement. Soudain arrive un courrier; une vive agitation se manifeste dans les rangs de nos alliés, puis tout à coup on les voit faire demi-tour. Notre armée ne se composait que de quelques milliers d'hommes perdus au milieu d'un immense empire. Cortez n'avait contre lui que des Indiens mal armés et terrifiés par les cavaliers qu'ils prenaient pour des centaures, par les armes à feu dont ils comparaient les effets à ceux de la foudre. L'amiral Jurien de la Gravière n'avait pas plus de monde que le conquérant du Mexique, et en face de lui se trouvaient des forces organisées et considérables; la situation était fort dangereuse. Le commandant en chef ne se découragea point; il lança cette fière parole aux bataillons hostiles qui nous entouraient:

— Nous sommes l'avant-garde de la France!

Et sa petite colonne, par sa mâle contenance, soutint cette énergique déclaration. Personne ne faiblit, ni chefs, ni soldats.

Des masses nous menaçaient, mais dans cette position précaire, chacun conserva une fière attitude qui imposa à nos adversaires prêts à se déclarer ouvertement contre nous au moindre signe de défaillance.

— Nous étions peu nombreux, — a dit un officier de zouaves, — mais nous nous redressions si haut que l'ennemi vit en nous des bataillons de géants et n'osa nous aborder.

Notre prestige fut tel que l'amiral obtint des autorités mexicaines, qui hésitaient à commencer la guerre, d'occuper Orizaba, ville importante placée en dehors des terres chaudes où sévit la fièvre jaune.

Dans notre marche, nous eûmes à faire l'éducation des marins fusiliers comme marcheurs. Ces matelots, fort braves, bien exercés, adroits tireurs, suffisamment dressés aux manœuvres d'infanterie, manquaient d'expérience au point de vue de la vie de campagne; ils ignoraient les mille petits moyens par lesquels le soldat adoucit les dures nécessités de la guerre; ils campaient mal; ils s'épuisaient dans les marches; ils se fatiguaient faute de certains soins dont la pratique enseigne l'importance.

La coutume des marins est d'aller nu-pieds sur le pont des navires; rien n'est nuisible pour eux comme la chaussure, qui les gêne horriblement. Une fois l'étape commencée, les braves matelots retirèrent leurs souliers et nous donnèrent le spectacle bizarre d'une troupe portant ses chaussures au bout des baïonnettes.

Mais un chemin n'est pas comme le pont d'un vaisseau et les cailloux mirent nos camarades dans un piteux état; ils eurent bientôt des crevasses, des ampoules, des déchirures qui les firent cruellement souffrir. Toutefois, ils tenaient bon par amour-propre; à la halte suivante, ils essayèrent de remettre leurs souliers, mais leurs pieds enflés ne pouvaient y entrer; il fallut finir l'étape ainsi. De plus, les sacs de toile des marins, mal construits, avec des planches de soutien trop faibles, se brisèrent; la charge mal distribuée pesa lourdement sur leurs épaules; enfin les courroies n'avaient pas encore formé aux endroits qu'elles frottaient ces durillons qui protégent sur certains points les corps endurcis des vieux soldats.

N'importe! les marins fusiliers marchaient toujours. Nous admirions leur constance, car chacun de nous avait été conscrit et savait ce que pèse un havre-sac à la première étape! Il faut vraiment un grand courage au jeune soldat pour suivre un bataillon; à chaque instant il se sent faiblir et ne se soutient qu'à force de volonté. Tout en appréciant l'énergie de nos compagnons, on ne pouvait s'empêcher de rire de leurs réflexions; ils avaient conservé les termes de la marine pour peindre les mouvements des troupes de terre et leur conversation produisait un singulier effet. Trouvant les marches trop longues, ils s'écriaient avec un juron provençal (presque tous étaient du Midi).

— Troun de l'air! L'amiral il ne veut donc pas *stopper;* moi je *vais jeter l'ancre* ici! — Ou bien encore : — Vent debout! On fait une encâblure en avant et deux en arrière; plus on avance plus on recule. — Quand le terrain était ondulé par des mamelons ils se disaient : — Mauvaise mer! Elle est houleuse.

Ils avaient mis *le cap sur Orizaba* pour signifier qu'ils se dirigeaient sur cette ville; quand ils buttaient contre une pierre, ils avaient donné de l'avant contre un écueil. Enfin l'un d'eux s'étant endommagé les reins en tombant à la renverse, ses camarades le conduisirent au docteur en annonçant qu'*il s'était détérioré sa fausse cale en s'affalant sur un bas fond!*

Bref, ils arrivèrent à la nuit dans notre camp établi depuis longtemps déjà; ils nous questionnaient pour connaître l'emplacement de leur bivac, et la plupart, voyant nos feux allumés, le repas préparé et les tentes dressées, acceptaient notre hospitalité.

Ils nous abordaient en demandant:

— Pardon, camarades, savez-vous où l'escadre est mouillée?

— Sur la droite, là-bas!

— Là-bas, sous le vent! — faisait le marin. — Eh bien, elle est trop loin! Voilà une heure que je tire des bordées sans la rencontrer; l'un me dit qu'elle est mouillée à tribord, l'autre à babord; je stoppe et je mouille ici. —

Et le brave matelot prenait place au feu, se réconfortait avec nous et s'endormait sous nos abris en murmurant: — Chienne de traversée!

Nous avions tous rendu justice à la ténacité qu'avaient montrée les matelots pour nous suivre dans les conditions les plus désavantageuses; nous résolûmes de leur montrer comment il fallait s'y prendre pour s'épargner toutes ces petites tortures qu'ils avaient endurées et qui ne laissaient pas d'être fort pénibles.

On leur apprit à verser du suif tiède dans leurs souliers, à se frictionner les épaules avec du rhum, à s'oindre d'huile à la façon des athlètes antiques; on leur enseigna les petits mystères des *coups de sac* qui soulagent en rétablissant la circulation, et qui consistent à faire peser le havre-sac tantôt sur une épaule, tantôt sur l'autre, tantôt sur les hanches en relâchant les bretelles jusqu'à ce qu'il pèse sur la giberne; on leur recommanda surtout cette allure régulière, cet emboîtement du pas qui épargne les arrêts, les *à-coups;* enfin on leur donna toute la théorie de la marche, car *bien marcher* est une science, une science difficile que nos régiments possèdent seuls par tradition. Nous en écrirons peut-être un jour les préceptes. Grâce aux zouaves, grâce surtout à leur bonne volonté et à leur énergie, les marins fusiliers devinrent des marcheurs excellents; ils avaient acquis, après la bravoure innée chez eux, la plus grande qualité du soldat.

Le maréchal de Saxe a dit depuis longtemps : « La guerre est dans les jambes. »

Napoléon a répété sous une autre forme : « Tout étant égal d'ailleurs, cinquante mille hommes qui ont du jarret en battront cent mille qui n'en ont pas. »

Notre armée, du reste, est merveilleusement douée sous ce rapport. Le Français a d'abord l'immense avantage d'avoir le pied cambré, tandis que la grande majorité des hommes qui n'appartiennent pas aux races latines ont le pied plat. De là cette supériorité de marche des armées françaises, italiennes et espagnoles sur toutes les autres. Mais nous avons de plus un tempérament parfaitement équilibré, à la fois nerveux, sanguin et bilieux, dans des proportions admirablement combinées pour les déploiements de force. L'heure sonna bientôt où ces précieuses qualités de nos troupes furent mises à l'épreuve.

Après une station à Orizaba, notre colonne, pour l'exécution de conventions diplomatiques, dut quitter cette ville et se replier sur les terres chaudes; on crut pouvoir laisser quatre cents malades dans les hôpitaux; la guerre n'était pas encore déclarée.

Dans notre marche vers les terres chaudes, un courrier nous apporta une sommation qui nous donnait vingt-quatre heures pour enlever nos ambulances d'Orizaba; *ce délai passé*, ajoutait le général, *il ne répondait plus de nos malades!*

Il était en apparence impossible d'exécuter cette sommation; nous étions déjà loin de la ville; mais la nouvelle des menaces faites par le général en chef de Juarez circula dans les rangs et y excita une explosion de rage; le sens de cette dépêche était trop net pour qu'on ne craignît pas que passé vingt-quatre heures nos blessés fussent massacrés; les bataillons demandèrent à grands cris le retour immédiat sur Orizaba, et ils fournirent une de ces marches forcées qui sont inscrites dans l'histoire comme faits prodigieux; celle-ci peut être comparée à celle de la division Masséna (1re campagne d'Italie) et aux étapes non moins fameuses des grognards de l'île d'Elbe après le débarquement de Cannes. Les marins fusiliers nous prouvèrent qu'ils avaient profité de nos leçons; ils marchèrent aussi bien que nous.

Soudain on aperçut un groupe de cent cavaliers mexicains; c'était l'ennemi! Un brave sous-lieutenant des chasseurs d'Afrique, monsieur Lemaire de Fauchey, s'élança contre les Mexicains à la tête d'une vingtaine de chasseurs d'Afrique; il fournit une charge magnifique.

Les chasseurs abordèrent l'ennemi, quoiqu'il fût cinq fois plus nombreux, le culbutèrent au premier choc et le poursuivirent avec acharnement.

C'était notre premier succès, peu important au point de vue matériel, immense sous le rapport de l'influence morale.

De tous temps les gauchos mexicains avaient joui d'une grande réputation de bravoure et d'adresse; ils étaient même posés comme le prototype du cavalier hardi, intrépide, habile aux exercices équestres. Et voilà que vingt chasseurs d'Afrique mettaient en déroute un escadron de cent hommes, tuaient, blessaient ou prenaient la moitié de cet effectif et dispersaient le reste.

Nos hourras saluèrent le retour de nos chasseurs, qui venaient d'inaugurer si brillamment cette guerre.

La colonne continua sa marche; pendant l'espace d'une lieue le chemin se trouva, de distance en distance, jonché des dépouilles de l'escadron ennemi; on rencontra même plusieurs chevaux sans maîtres.

Cependant une grande inquiétude planait toujours sur notre colonne; chacun pensait aux blessés que peut-être à cette heure l'ennemi avait massacrés; enfin, après de longues heures d'anxiété, on aperçut les remparts d'Orizaba; notre émotion devint poignante.

Allions-nous retrouver nos frères d'armes vivants!

LES AMBULANCES D'ORIZABA.

La ville est déserte; où sont nos blessés? — Un fort improvisé. — Zouaves et guerillas. — Le lazo.

Plus la colonne approchait d'Orizaba, plus l'inquiétude devenait poignante.

A une lieue de la place, des cavaliers envoyés en reconnaissance annoncèrent que la ville semblait déserte; cette triste nouvelle serra tous les cœurs. Qu'avait-on fait de nos malades? Étaient-ils prisonniers ou, comme le laissait prévoir le général Saragoza, qui n'en répondait plus passé vingt-quatre heures, nos malheureux camarades avaient-ils été égorgés par des bandes féroces?

De pareils massacres avaient en lieu déjà dans ce pays tourmenté par les guerres civiles, et l'on savait que nos adversaires avaient à leur service des guérillas qu'un crime n'épouvantait pas; plus tard, les conseils de guerre eurent à purger le pays de ces troupes de brigands qui tuaient et pillaient indistinctement les partisans de l'intervention et ceux de Juarez. La colonne, exténuée de fatigue, hâta néanmoins le pas pour tâcher de recueillir des renseignements sur nos ambulances.

Les rues étaient silencieuses, pas un soldat ennemi n'apparaissait; Orizaba était abandonné par Saragoza; nos éclaireurs ne s'étaient point trompés.

Tout à coup la colonne s'arrêta en tressaillant; un clairon répondait à nos clairons; la marche des zouaves retentissait dans la place; c'étaient sans doute nos malades qui nous avertissaient qu'ils étaient encore là!

On courut et l'on trouva le couvent, qui servait d'hôpital, barricadé, crénelé et armé; c'était une véritable forteresse dans laquelle s'étaient enfermés nos quatre cents malades.

Deux longs cris de joie montèrent jusqu'au ciel, les barrières furent démolies, la colonne se précipita dans le couvent et trouva sous les armes tous ceux de nos valétudinaires qui pouvaient se traîner hors de leurs lits.

Voici ce qui s'était passé :

Le général Saragoza avait ordonné aux ambulances de se rendre à *merci;* mais ce mot *merci* peut cacher tant d'interprétations que l'on résolut de défendre l'hôpital et de s'ensevelir sous ses ruines plutôt que de se livrer à l'ennemi.

Malades, infirmiers, chirurgiens, tous se mirent à l'œuvre, organisant une énergique résistance; avec cette intelligente activité qui caractérise les Français, ils avaient en deux heures improvisé une formidable citadelle à laquelle l'ennemi n'osa donner l'assaut.

Pourtant les assiégés, il y eut blocus, purent croire plus d'une fois que l'attaque allait commencer; mais ils firent si bonne contenance que, craignant le ridicule d'une attaque infructueuse, l'ennemi se retira.

A notre approche, la garnison de l'hôpital crut au retour des Mexicains et prit les armes; nous fûmes saisis à l'aspect de ces compagnies de fiévreux dans les mains desquels tremblaient les fusils. Les plus malades étaient assis aux créneaux, plusieurs enveloppés de couvertures et grelottant; ceux-là n'avaient pas la force de venir à nous. C'étaient là de bien faibles défenseurs; mais quels cœurs de bronze battaient dans ces poitrines amaigries!

L'héroïsme avait galvanisé tous les courages, et cette ambulance eût renouvelé les miracles que fit celle de Tlemcen aux temps critiques de nos campagnes d'Afrique.

— Nous voilà! — avait-on crié à ces malades intrépides; — ne craignez plus rien, nous nous battrons pour vous.

— Tonnerre de Brest! — murmura un fusilier marin qui n'avait plus que le souffle; — nous espérions mourir en soldats et il faut se résigner à mourir de la fièvre!

— Va, mon garçon, — lui dit un docteur, — tu en réchapperas; tu viens d'avoir une crise qui te sauvera.

En effet, le Breton, c'en était un, se guérit, et put se faire tuer à la Puebla quelques mois plus tard.

La conduite de nos malades avait enthousiasmé la colonne; on échangea les plus cordiales étreintes avec ceux qu'on revoyait après les avoir supposés perdus.

Un convoi fut immédiatement formé, et aussitôt que l'on eut tout organisé, la colonne se remit en marche pour repasser les Cumbrès en vertu d'une convention; quitte à revenir bientôt, car le séjour des terres chaudes nous eût été fatal, et nos effectifs y eussent été bientôt décimés par le *vómito negro*.

Pendant la retraite, retraite toute volontaire, vers les Cumbrès, notre arrière-garde pendant les marches, nos avant-postes dans les bivacs, furent harcelés par les guérillas; ceux-ci étaient très-habiles à enlever les hommes isolés; ils se servaient pour cela d'une longue corde munie d'un nœud coulant. Quand ils apercevaient un traînard, ils se précipitaient sur lui à fond de train, s'arrêtaient brusquement, lui lançaient leur *lazo*, attaché à son extrémité aux arçons de la selle; puis ils repartaient au galop entraînant leur prisonnier par monts et par vaux.

Les guérillas parvinrent à nous *lacer* ainsi plusieurs hommes, desquels Saragoza espérait obtenir des renseignements; mais il est assez difficile de faire parler un Français quand il a résolu de se taire; pas un de ceux qui furent amenés devant le général ne consentit à lui répondre.

Les *laceurs* encouragés par quelques succès devinrent de plus en plus hardis; mais nos soldats apprirent à se débarrasser d'eux. Presque tous les zouaves portent à la ceinture un couteau arabe tranchant comme un rasoir; ceux qui furent *lazés* se servirent de ce *goumie* pour couper la corde; dès lors chaque troupier fit l'emplette d'une bonne lame bien affûtée pour s'en servir à l'occasion.

Un autre zouave trouva le moyen d'échapper au nœud coulant; ce moyen consiste dans une manœuvre fort simple. Au moment où le cavalier arrête sa monture pour jeter son lazo, on se couche à plat ventre; le lacet dès lors n'a plus de prise; cette méthode fut particulièrement recommandée et obtint un plein succès.

Mais ce n'était pas assez pour des hommes comme les zouaves d'échapper aux *laces*, ils voulurent les prendre à leur tour.

Un soir ils avisèrent à la cime d'un mamelon un petit arbre qui leur parut propre à réaliser leur projet; il s'empressèrent de le tailler à hauteur d'homme; la nuit venue, une belle nuit étoilée, ils entourèrent le tronc de l'arbre jusqu'à mi-hauteur d'une culotte; puis ils jetèrent sur lui un de leurs manteaux, dont ils rabattirent le capuchon sur le sommet.

L'arbre figurait assez bien dans la pénombre un factionnaire d'avant-poste; pour compléter la ressemblance, on dressa contre lui une carabine dont la baïonnette étincelait sous les rayons argentés de la lune; cela fait, deux hommes s'embusquèrent près de là.

Vers minuit, survint un guerillero qui rôdait autour du bivac; il aperçut la fausse sentinelle.

Le *laceur* se jeta aussitôt dans un petit ravin qui le couvrait et s'approcha le plus près possible de ce qu'il prenait pour un factionnaire.

A cinquante pas, il éperonna son cheval, fondit sur le tronc d'arbre, le laça et repartit.

Mais la corde retenue d'une part au tronc d'arbre, de l'autre à la selle se tendit violemment et imprima au cheval une si rude secousse qu'il s'abattit avec son cavalier.

Les deux zouaves embusqués coururent au Mexicain désarçonné et le firent prisonnier. Conduit à l'état-major, le guerillero, *honteux comme un renard qu'une poule aurait pris*, donna tous les renseignements que l'on désirait; il offrit même, moyennant une solde raisonnable, de servir de guide à notre colonne.

La fidélité au drapeau n'étouffait pas ces irréguliers! Comme celui-là, retenu près de nous, ne prévint pas ses camarades du piège qu'on lui avait tendu, les zouaves purent renouveler leurs embuscades les nuits suivantes, et malgré le proverbe *non bis in idem*, ils réussirent souvent à capturer les guerilleros de Saragoza. Le premier soin en arrivant à un bivac était de choisir un arbre qui leur convint, et depuis dans tous les camps on voit un tronc dénudé qui s'appelle le *poteau du lazo*!

Grâce à ces bons tours qu'ils jouaient aux guérillas, nos soldats les découragèrent et évitèrent ainsi les pertes nombreuses qu'avaient précédemment subies d'autres armées, où l'on comptait en moyenne une dizaine d'hommes *lacés* par nuit.

MARCHE SUR LES CUMBRÈS.

En avant. — Les nuées du Mexique. — Un réseau de fer et de feu. — Les sauterelles de Juarez. — Le jeu n'en vaut pas la chandelle. — Au pied des Cumbrès.

Après la délivrance de ses blessés menacés dans Orizaba, la petite colonne française était revenue dans les terres chaudes; elle y fut renforcée par les bataillons du général Lorencez, qui prit le commandement en chef; l'amiral Jurien de la Gravière était rappelé en France, et l'expédition perdait son caractère primitif d'une descente à terre de soldats de marine. L'amiral fut vivement regretté, non-seulement par les fusiliers matelots, mais encore par les zouaves, que son caractère chevaleresque avait séduits; il emporta les plus vives sympathies.

Le nouveau commandant eut bientôt conquis à son tour l'affection des troupes; il prit vigoureusement l'offensive et marcha sur Mexico par la Puebla.

La colonne se composait du 1er régiment d'infanterie de marine, du bataillon de fusiliers marins, du 1er bataillon de chasseurs à pied, du 99e de ligne, du 2e de zouaves, de trois batteries dont une de marine et une de montagne, cette dernière portée à dos de mulets; le tout formant un effectif réel de six mille *combattants* auxquels le président Juarez opposait trente mille réguliers et des nuées de guérillas.

La colonne poussa en avant, suivie d'un convoi portant ses vivres et ses bagages; les officiers étrangers furent frappés du petit nombre relatif de mulets nécessaires à notre armée. De tout temps, les marches ont été rendues fort pénibles, très-longues et très-périlleuses au Mexique par la difficulté de protéger les trains d'équipage contre les innombrables partisans qui harcèlent les colonnes ; mais chaque soldat portant chez nous sa tente et des vivres pour longtemps, ces difficultés se trouvaient réduites des deux tiers. Des nuées de guérillas vinrent néanmoins se jeter sur nos bataillons, mais elles ne purent faire leurs prises habituelles; toutes les voitures et les cacolets de charge étaient si vigoureusement défendus qu'il fallut renoncer à toute espèce de pillage. La guerre d'Afrique a si bien formé notre armée, que do toutes les autres elle est celle qui sait le mieux faire une étape au milieu des partis ennemis. En vain les bandes d'irréguliers s'abattirent sur nous ; nous avions su nous envelopper d'un réseau de fer et de flamme. Les officiers étrangers admirèrent l'ordre de marche qui nous permettait d'avancer ainsi au milieu des flots de cavaliers qui nous pressaient de toutes parts. Comme rien ne ressemble moins à une étape sérieuse qu'une promenade militaire, nous allons décrire à nos lecteurs la façon dont une colonne est organisée en territoire ennemi.

D'abord, avant de lever le camp, le général fait fouiller, par les éclaireurs de cavalerie, la route qu'il doit parcourir ; puis ces éclaireurs prennent la tête à bonne distance, le mousqueton au poing, le sabre dégagé du fourreau ; ils marchent l'œil au guet, l'oreille tendue, flairant de loin les embuscades, prêts à se replier à la moindre alerte ; leur salut dépend de leur surveillance et de leur décision ; ils sont à chaque instant exposés à tomber au milieu de forces considérables qui les écraseraient.

Vient ensuite le bataillon d'avant-garde qui détache une ou deux compagnies en extrême avant-garde ; si un fort parti de cavalerie charge inopinément, ces compagnies, prévenues par les éclaireurs, se replient sur le bataillon ; si, au contraire, elles ont affaire à de l'infanterie, elles se déploient en tirailleurs, couvrant d'une vaste étendue de feu leur bataillon et lui donnant le temps de se former en bataille sous leur protection.

Apparaît ensuite le centre de la colonne, puis le convoi, puis le bataillon d'arrière-garde. Arrivons enfin à ce réseau de baïonnettes dont notre armée sait s'entourer au besoin contre la cavalerie.

Aussitôt que des partisans sont en vue, nous lançons nos *flanqueurs* ; ce sont les zouaves ou les chasseurs à pied qui jouent ce rôle ; à quelques cents mètres des flancs de la colonne et parallèlement à eux, ils forment un cordon de tirailleurs espacés de huit ou dix pas les uns des autres : ces tirailleurs font feu tout en marchand et leurs longues carabines tiennent l'ennemi à bonne distance. Lorsque celui-ci se groupe pour rompre cette ligne sur un point, les différentes compagnies de *flanqueurs* se rallient au pas de course, se forment en plusieurs cercles à rangs serrés ; la colonne s'arrête un instant. Pour entamer le convoi, que, du reste, les bataillons du centre viennent soutenir au plus vite, il faudrait passer entre les différents cercles de flanqueurs, subir leurs décharges meurtrières et s'exposer à les voir accourir au moment où on s'emparerait des voitures, énergiquement défendues par les soldats du train, bien armés ; et ceux-ci ont toujours montré dans ces sortes de luttes une intrépidité peu commune parmi les corps semblables des autres nations.

Enfin reste l'arrière-garde qui se garde à son tour par une ligne de tirailleurs, faisant feu en se repliant et nourrissant ce feu par le procédé suivant : ils sont numérotés par groupes de quatre, 1, 2, 3 et 4. Supposons deux cents tirailleurs en ligne : le 1 et le 3 de chaque groupe font feu et courent se placer à cinq pas en arrière, rechargeant en courant ; il reste en première ligne cent hommes, les deux et quatre de chaque groupe, qui font feu à leur tour, et traversant les intervalles de cent autres en ligne derrière eux, se replient cinq pas en arrière de ces derniers ; ceux-ci recommencent à tirer et à se replier, et ainsi de suite.

En cas de charge, le bataillon d'arrière-garde fait volte-face et forme le carré aux angles duquel se réfugient les tirailleurs, un genou en terre, la crosse de la carabine à terre, la baïonnette penchée à hauteur des naseaux des chevaux.

Après ces explications, le lecteur peut se figurer clairement une marche en colonne ; mais ce qu'il imaginerait difficilement, c'est le sang-froid, la bravoure, l'entrain avec lesquels s'exécutent toutes ces manœuvres ; les guérillas en étaient stupéfaits.

Que de pièges on leur tendit !

Un jour deux compagnies d'arrière-garde se trouvaient harcelées par quelques centaines de cavaliers qui, se tenant à distance, tiraillaient sans s'engager ; fatigué d'une lutte qui n'aboutissaient à rien, le capitaine qui commandait résolut de donner une bonne leçon à ces guérillas et de s'en débarrasser ; il ordonna d'abord à une compagnie de faire mine de rejoindre la colonne, comme si, dédaigneux de l'ennemi, il avait assez de la moitié de son monde ; mais cette compagnie devait s'embusquer un peu en arrière du sommet d'une colline dont on était assez rapproché.

Les Mexicains voyant les tirailleurs en si petit nombre jugèrent que nous avions commis une grande imprudence en nous dégarnissant ainsi ; ils s'enhardirent et s'avancèrent, engagèrent une vive fusillade à laquelle on répondit mollement ; nos soldats se hâtaient, à mesure qu'ils gagnaient vers la colline, simulant la frayeur ; à mi-côte, ils prirent le pas gymnastique comme des gens qui craignent d'être engagés dans une mauvaise situation. Les Mexicains chargèrent ; les nôtres s'enfuirent au pas de course : une fois sur la crête du mamelon, ils se jetèrent à gauche et à droite de la compagnie embusquée, prenant rang près d'elle.

Les Mexicains débouchèrent au galop, comptant sabrer les fuyards ; quand ils parurent au haut du mamelon, ils furent salués de deux cents balles, qui jetèrent une cinquantaine d'hommes ; le reste tourna bride et s'enfuit. Les deux compagnies s'emparèrent de quarante-six chevaux et de quatre-vingts sabres ou fusils ; elles furent débarrassées de leurs adversaires pour le reste de l'étape.

Quand les irréguliers mexicains recevaient ainsi à brûle poitrine une décharge inattendue, ils se sauvaient avec tant de rapidité, et leurs coursiers faisaient des bonds si prodigieux, que nos soldats les avaient surnommés les *sauterelles de Juarès*.

Les guérillas essuyèrent souvent de pareils échecs, et ils disaient que pour enlever un mulet aux Français il fallait le payer du sang de dix hommes : le jeu n'en valait pas la chandelle.

Le 27 avril 1862, l'armée se trouvait au pied des Cumbrès, montagnes formidables qu'il fallait escalader pour en franchir les cimes, Saragoza, avec des troupes nombreuses, défendait ces contreforts que l'on avait surnommés les Alpes du Mexique ! Nous dirons comment furent prises ces imprenables positions, « *où mille hommes pouvaient arrêter une armée !* » (proclamation de Saragoza). Jamais plus prestigieuse victoire ne fut remportée.

LES BIVACS.

Le café de jubilation. — Illumination féerique. — D'un aigle qui vole plus haut que les vautours. — Le drapeau du 2ᵉ zouaves. — Les invisibles; un feu d'enfer. — Le cri de guerre des zouaves. — En avant, à la baïonnette! — Fuite et poursuite. — Immense sensation.

L'armée française était arrivée en présence de l'ennemi ; elle campait le 17 avril 1862 au pied des Cumbrès.

Les personnages hostiles à l'intervention, les indifférents même affirmaient que nous n'oserions jamais nous engager sur ces rampes presque à pic, semées de rocs surplombants et de précipices horribles; chemins et sentiers serpentaient aux flancs d'abîmes insondables, et l'ennemi avait coupé ces passages d'embuscades, d'abatis, de fossés profonds ; puis, au débouché de chaque voie rendue impraticable, il avait braqué des canons chargés à mitraille. Ces batteries étaient reliées entre elles par des bataillons nombreux que soutenaient de fortes réserves ; la position était si formidable que nos amis eux-mêmes, sachant notre ferme désir de livrer bataille, prédisaient un désastre.

Mais nos vétérans d'Afrique souriaient des présages de ces prophètes de malheur.

Le soir on vit du camp les crêtes se couronner de feux et toute la cime de la montagne étincela, formant une illumination splendide; nos soldats, allumant à leur tour d'immenses bûchers, firent resplendir leurs bivacs ; puis les escouades se groupèrent et préparèrent le *café de jubilation ;* c'est l'usage à la veille des batailles.

— Vos soldats sont bien gais, ce soir, — disait un officier mexicain, notre allié, à un capitaine de zouaves.

— C'est demain jour de combat, — répondit le capitaine, — ils préludent à la fête qui se prépare.

Notre allié doutait du succès en regardant les pentes abruptes des Cumbrès qui se dressaient à perte de vue vers le ciel.

— Pourrez-vous jamais atteindre ces hauts plateaux? — demanda-t-il inquiet ; — les vautours seuls volent jusque-là.

— Venez, — dit le capitaine ; — je vais vous montrer un aigle qui nous guidera là-haut.

Et il conduisit le Mexicain auprès du drapeau du régiment, planté en terre au milieu du bivac et entouré d'une dizaine de vieux zouaves à la barbe grise, aux farouches allures ; c'était le poste d'honneur qui veillait sur ce précieux trophée. La brise du soir soufflait avec force, et les plis hachés du glorieux étendard flottaient au vent, étalant leurs nobles déchirures aux rayons de la lune; la hampe trois fois brisée par les balles, montrait de fières cicatrices ; et, blessure superbe, l'aigle avait reçu un biscaïen en pleine poitrine et était troué de part en part.

En face de ce drapeau magnifique qui avait assisté à tant de triomphes, l'officier mexicain se découvrit, tant ces lambeaux de soie brûlés par la poudre imposaient d'admiration et de respect.

Après un instant de silence, le capitaine montra à son tour les Cumbrès et dit :

— Demain cet étendard sera arboré sur la plus haute de ces cimes, où tous les zouaves auront vécu. Ne l'avons-nous pas porté, à travers cinquante mille Kabyles, sur les bords neigeux du Dudjura que jamais le pied des Romains n'avait foulé.

— Maintenant je vous crois, — répondit l'officier mexicain.

Et il continua sa visite à travers les tentes ; partout nos soldats riaient et chantaient; c'est que l'approche de la lutte donne à nos soldats une animation et une gaieté particulières et que leur nature s'exalte à la pensée des mâles émotions de la guerre.

La nuit parut bien longue à l'impatience des nôtres; enfin la diane sonna et l'armée prit les armes; le 1ᵉʳ bataillon de zouaves (2ᵉ régiment) et le 1ᵉʳ bataillon de chasseurs devaient enlever la position, soutenus par le 89ᵉ et les fusiliers marins en seconde ligne (3,000 hommes en tout) ; notre artillerie ne pouvait pour ainsi dire pas protéger leur ascension. C'était bien peu de monde contre les canons et les masses de Saragoza.

Les contreforts étaient si roides, que les Indiens avaient donné aux sentiers le nom de *chemin des Chèvres;* et les projectiles en balayaient les rampes.

Lorsque les bataillons s'élancèrent, l'ennemi ouvrit un feu terrible , mais soudain les assaillants disparurent comme par enchantement; les canonniers ne surent plus où diriger leurs coups ; zouaves et chasseurs s'étaient dispersés et embusqués dans des accidents de terrain : pierres, broussailles, saillies de roc, arbres ou herbes hautes, tout servait à les couvrir.

Au lieu de suivre les voies tracées, ils prirent droit devant eux, surmontant avec une merveilleuse adresse, les obstacles accumulés par la nature, sautant de rochers en rochers, franchissant les fossés, bondissant comme des chamois, apparaissant à peine dans leur trajet d'un point à un autre ; ils tournèrent ainsi presque tous les postes qui, envahis, débordés, se replièrent en toute hâte.

Sur les crêtes, l'armée de Saragoza ne s'inquiétait point de ces tirailleurs, mais de leurs réserves, qui suivaient le mouvement et gagnaient du terrain, en profitant à chaque halte des plis du sol pour se garer des feux.

Toute l'attention de l'ennemi était concentrée sur cette seconde ligne, quand soudain ses postes débouchèrent en désordre sur le plateau, poursuivis la baïonnette aux reins par nos tirailleurs ; les fuyards se jetèrent dans les rangs de l'armée de Saragoza en proie à une indicible frayeur; les généraux ennemis se demandaient qui avait pu causer cette panique, car nos tirailleurs étaient toujours invisibles.

Tout à coup, à huit cents mètres, éclate un feu imprévu, pressé, meurtrier, qui décime les rangs serrés de l'ennemi, qui répond au hasard, sans pouvoir viser, car zouaves et chasseurs se tiennent couchés sur la terre derrière des abris.

Autant nos balles font d'effrayants ravages dans les masses compactes, autant celles de l'ennemi passent inoffensives à travers nos lignes espacées et embusquées ; peu à peu nos tirailleurs, rampant comme des panthères, se rapprochent de plus en plus, faisant converger les projectiles sur les points vulnérables que leur merveilleux instinct leur indique ; ils n'en sont bientôt qu'à quelques cents mètres ; l'ennemi ne les voit pas encore ; ils redoublent la fusillade. Les réserves se sont avancées prêtes à soutenir cette première ligne ; l'heure est venue ; les balles ont fait de larges vides dans l'armée ennemie.

Soudain un cri retentit, cri immense et puissant qui court d'une extrémité à l'autre de la ligne de bataille :

— En avant ! à la baïonnette !

L'ennemi écoute déconcerté.

Au même instant surgissent devant eux deux mille hommes. Deux clameurs effrayantes vibrent dans l'air : le hourra rauque et sauvage des chasseurs, l'aboiement aigu et strident du chacal poussé par les zouaves.

Puis les deux bataillons se ruent avec une fougue indicible sur les positions entamées, se fraient un passage avec leurs baïonnettes, et coupent les masses ennemies en plusieurs tronçons.

Les réserves accourent.

Les soldats de Saragoza, cloués pendant quelques minutes au sol par la stupeur, sont épouvantés de sentir au milieu d'eux nos tirailleurs qui se sont massés en fournissant cette charge énergique; ils jugent la partie perdue. Les zouaves s'apprêtent encore pour une attaque à l'arme blanche; les chasseurs vont s'élancer; mais toute l'infanterie de Saragoza se retire en se débandant; on lui donne la chasse et, malgré sa cavalerie, nous lui enlevons dans sa retraite deux obusiers, plus un de ses généraux, Ostioga, blessé et vainement défendu par son escorte.

Au début et à la fin de l'action, notre escadron de chasseurs se lança à fond et fournit plusieurs engagements qui assurèrent pour la seconde fois une grande supériorité à notre cavalerie; c'était merveille de voir les coursiers numides galoper à travers les escarpements avec une sûreté de pied incroyable, merveille aussi de voir nos chasseurs sabrer l'ennemi à outrance.

L'honneur de la journée, le général Lorenzez le constate lui-même, revenait aux zouaves, aux chasseurs et à l'escadron de cavalerie.

Nous expliquerons un jour comment notre armée est jusqu'ici la seule qui puisse ainsi former une première ligne de tirailleurs aussi dangereuse pour l'ennemi; nos adversaires et nos alliés en Orient et en Italie ont vainement tenté d'imiter notre tactique.

Le combat des Cumbrès nous coûta une quarantaine d'hommes seulement; ce chiffre minime, mis en regard des pertes subies par l'ennemi, prouve surabondamment notre habileté à la guerre.

La nouvelle de la prise des défilés des Cumbrès causa une émotion profonde à la Vera-Cruz, à Mexico et dans tout l'empire; dans le principe on refusait d'y ajouter foi; le peu de troupes qui s'étaient mises en ligne, la foudroyante rapidité de l'escalade, la vigueur inouïe des charges produisirent une immense sensation. L'ennemi comprit qu'il ne nous tiendrait jamais tête en campagne; il s'enferma dans les places fortes.

Certes, c'est un grand honneur pour une poignée d'hommes de décourager ainsi une armée qui ne manquait pas de bravoure, elle le prouva plus tard, et de la forcer à se jeter dans les villes murées.

Tel fut le résultat de cette journée mémorable.

COMBAT DE CUMBRÈS.

Le carré de protection. — Les feux des bivacs et la cuisine en plein vent. — Les mets inconnus; l'anguille de haie. — Le troupeau de la colonne. — Les grand'gardes et les avant-postes; les retranchements à la romaine; les embuscades. — Entre deux feux. — L'étau de fer.

Dans un précédent article, nous avons expliqué au lecteur comment une colonne peut fournir une étape quoique entourée de cavaliers ennemis; nous croyons intéressant de décrire un bivac et la façon dont il est défendu.

On distingue deux sortes de bivacs : ceux qui sont formés par de grandes colonnes et qui, occupant plusieurs lieues d'étendue, ne pourraient être enveloppés, sont établis sur une seule face, l'infanterie en première ligne, puis la cavalerie, puis l'artillerie; ceux qui sont formés par de petites colonnes et qui marchent au milieu de forces nombreuses, pouvant les tourner, sont établis en carrés, cavalerie, artillerie et convoi au centre. Ces derniers camps ne sont en usage que dans notre armée; nous avons trouvé cette méthode en Afrique, où les Arabes, en nous cernant pendant la nuit, nous attaquaient souvent sur plusieurs points à la fois; de là la nécessité de former un carré pour les repousser.

Nos adversaires au Mexique espéraient nous surprendre dans les premières nuits, en passant sur les derrières de nos campements; ils ne s'attendaient pas à nous trouver partout prêts à les recevoir. Voici comment s'établissent ces bivacs.

Supposons huit bataillons formant colonne; les deux premiers arrivés sur le terrain font halte et s'alignent, les compagnies séparées entre elles par la distance réglementaire; ils constituent la première face du camp. Les deux bataillons suivants s'alignent à leur tour, de manière à former angle droit avec la première face et à dessiner la deuxième; les deux autres forment la troisième; les deux derniers, la quatrième.

Aux angles et au milieu de chaque face on laisse les ouvertures nécessaires à la circulation.

Les troupes étant en carré, chaque bataillon place ses armes en faisceaux (ce qui établit le front de bandière), puis, à trente pas en arrière des faisceaux, on met sac à terre, on déroule les petites tentes et l'on les dresse.

Les officiers ont les leurs immédiatement derrière celles des soldats.

La cavalerie entre ensuite au camp, et forme un second carré à l'intérieur du premier; de longues cordes retenues à des pieux fichés en terre permettent d'attacher les chevaux par leurs longes; près des lignes de chevaux, parallèlement à elles, les mousquetons sont rangés en faisceaux; puis derrière les mousquetons les tentes. Pour l'artillerie, même système à peu près. Enfin, tout au centre du camp, les caisses à biscuit et les bagages sont entassés de façon à former les quatre murs d'une redoute, appui solide, dernier refuge dans les cas désespérés.

On le voit, tout est utilisé.

En avant des fronts de bandière, à trente pas, chaque escouade, une douzaine d'hommes sous les ordres d'un caporal, établit son foyer, soit en creusant un trou en terre, soit en rapprochant deux pierres. Le soldat qui est de cuisine ce jour-là court aux sources les plus proches pour puiser de l'eau; une partie de l'escouade a dressé les tentes; l'autre va ramasser du bois; il est rare que dix minutes après leur arrivée, les zouaves n'aient pas pris un café ou une soupe à l'oignon et au lard. L'administration abat de son côté, dans le troupeau qui suit l'armée, un certain nombre de bœufs, et la répartition se fait pour le repas du soir.

L'animation d'un camp est extraordinaire : de tous côtés, ces hommes qui viennent de faire huit, dix et jusqu'à quinze lieues, vont, viennent, courent et se heurtent; si l'ennemi n'est pas en vue, les zouaves surtout se répandent dans la plaine, car le zouave est toujours *quærens quod devoret*, cherchant quelque chose à dévorer. Tout lui est bon : il chasse, il pêche, il cueille des fruits et des légumes inconnus à tout autre et dont il prépare d'excellents mets; il ne néglige rien. Tout ce que l'administration abandonne d'un bœuf est habilement utilisé; la panse fournit les *tripes à la mode de Caen* et du *gras double à la lyonnaise;* le sang, recueilli dans des vases d'étain et mis avec des oignons, compose du boudin; les pieds de bœuf mijotés toute une nuit au piment fournissent au matin un fromage façon italienne qui se partage et s'emporte; partout fument des gamelles d'oseille, d'épinards et d'asperges sauvages, etc., etc.

Au Mexique, les serpents abondent, et les zouaves, imitant les Belges qui raffolent des couleuvres, les mangeaient sous le nom d'*anguilles de haie;* les mares fournissaient aussi de grandes quantités de grenouilles. C'est ainsi qu'on pourvoyait à l'ordinaire; nous en passons, et des meilleurs.

Mais ce n'est pas tout que d'établir un bivac, il faut le défendre.

Chaque bataillon fournit aussitôt arrivé une compagnie de grand'garde; cette compagnie va s'installer à cinq ou six cents mètres du camp, sur un emplacement favorable, en face de son bataillon; une hauteur autant que possible; des vedettes sont jetées aussitôt sur les points culminants, et la compagnie travaille au plus vite à élever une enceinte en terre ou en pierres sèches, dans laquelle elle pourra se retrancher; ainsi faisaient les Romains si vantés.

A la nuit, un cordon de sentinelles est déployé de façon à couvrir tout le front du bataillon, qui dormira au camp sous cette surveillance; comme chaque bataillon a sa grand'garde, les sentinelles forment donc, elles aussi, un grand carré à six cents mètres du bivac. Les vedettes sont placées deux à deux, à dix ou vingt pas de distance; elles se creusent des trous en terre et les débris qu'elles sortent du trou forment un petit abri en avant; elles se trouvent ainsi garanties des balles.

L'ennemi ne peut s'approcher sans être entendu; les sentinelles l'arrêtent alors par leur feu tout en étant à couvert du sien; si l'assaillant est en force, les factionnaires se replient sur la redoute, laquelle peut tenir longtemps; si l'attaque continue et devient dangereuse, une compagnie dite de piquet accourt soutenir chaque grand'garde. Cette compagnie dort le ceinturon au côté, prête à tout. Il est impossible, si impétueuse que soit l'attaque, d'arriver sur le camp avant que toute l'armée ait pris les armes et soit disposée à recevoir l'ennemi, les canons aux intervalles de l'infanterie, la cavalerie sabre au poing et prête à charger.

La première fois que l'ennemi vint harceler nos bivacs, il passa sur les derrières et on l'y laissa s'engager; il crut avoir cause gagnée et courut sur les tentes, pensant nous surprendre, piller les bagages et se retirer; mais il tomba sur un mur de baïonnettes et dut se replier. C'est là qu'on l'attendait; les grand'gardes le cernaient, et il fallut défiler sous leur feu, qui fut terrible.

Dure et sanglante leçon plusieurs fois renouvelée, qui apprit à l'ennemi qu'on n'aborde pas impunément un camp français.

ASSAUT DE LA PUEBLA.

Les couvents de Puebla, et par quels moines ils étaient habités. — Illusions perdues. — L'assaut. Le clairon Roblet. — Fait d'armes d'un sergent des zouaves — Sous les boulets. Un orage des tropiques. — Glorieux échec.

Après avoir passé les Cumbrès, l'armée se dirigea sur Mexico; mais, sur son chemin, elle vint se heurter, le 5 mai 1862, contre la Puebla, place forte considérable, qu'il était dangereux de laisser derrière soi. Déjà toutes nos communications étaient coupées avec la Vera-Cruz et notre escadre; si l'on ne s'emparait pas de la Puebla, l'armée s'isolait au milieu des terres, sans base d'opérations, sans point de ravitaillement, sans ligne de retraite en cas d'échec.

La place cependant était redoutable; elle avait une garnison de douze mille hommes, commandés en chef par Saragoza; deux couvents, dont les murs étaient d'une épaisseur énorme, avaient été transformés en forts et dominaient la ville; celle-ci avait toutes ses rues barricadées et chaque maison était devenue un bastion; les constructions ont, au Mexique, une solidité dont nous nous ferions difficilement une idée d'après les nôtres.

On comptait s'emparer de Puebla sans coup férir; la diplomatie et la politique jouaient un grand rôle dans cette guerre; on se croyait certain que de nombreuses défections affaibliraient la garnison et que celle-ci serait forcée d'évacuer la ville, dont les habitants étaient disposés à nous faire bon accueil.

« Telle était ma situation devant Puebla, — écrivait le
» général Lorencez, — la ville la plus hostile à Juarez,
» au dire de personnes dans l'opinion desquelles je de-
» vais avoir foi, et qui m'assuraient formellement, d'a-
» près les renseignements qu'elles étaient à même de
» recueillir, que je devais y être reçu avec transport, et
» que mes soldats y entreraient couverts de fleurs. »

Malheureusement, les illusions dont se berçaient nos alliés mexicains se dissipèrent plus tard à la voix du canon des forts. A trois lieues de la ville, on était encore si convaincu qu'une réception enthousiaste nous attendait, que les troupes eurent ordre de réparer le désordre apporté dans les uniformes par la marche.

Les zouaves, entre autres, blanchirent leurs guêtres et roulèrent leurs turbans autour de leur chachias rouges.

Mais à quelque distance de Puebla, le canon tonna.
— Entendez-vous, — disaient nos auxiliaires, — on salue notre arrivée en tirant à poudre.

Un boulet qui vint rouler jusqu'à nous prouva clairement que c'était là un salut de guerre.

Il fallut prendre un parti.

Les personnes qui avaient renseigné le général affirmaient que c'était là un simulacre de résistance, que nos partisans se déclareraient aussitôt que nous donnerions l'assaut; qu'il suffisait de lancer en avant quelques compagnies.

Mais le général Lorencez en jugea autrement et comprit toute la gravité de la situation; il était bien difficile de reculer après s'être engagé si avant; l'honneur voulait qu'on commençât la lutte, tant meurtrière qu'elle dût être; si petites que fussent les chances de succès, notre devoir était de les épuiser toutes avant de nous retirer.

Le général prit ses dispositions. Les deux forts qui dominaient la place devaient être enlevés les premiers; la colonne fit un mouvement tournant pour les aborder par les seules pentes accessibles.

Guadalupe était en face de notre gauche, San-Loretto à notre droite; nos batteries montées furent placées à deux kilomètres des remparts et ouvrirent leur feu; malheureusement ces pièces de campagne n'étaient pas d'un calibre assez fort pour faire brèche; il fallut donner l'escalade à Guadalupe dans les conditions les plus périlleuses. Ce fort avait deux mille défenseurs sous les ordres d'un général énergique, Negrette, il était armé de dix pièces de vingt-quatre; de plus les terrasses et clochers du couvent étaient couverts d'obusiers de montagnes; enfin, trois étages de mousqueterie en gradins garnissaient les remparts, et les tireurs s'abritaient derrière des sacs à terre : tous ces feux étaient plongeants.

Tels étaient les obstacles qui s'élevaient devant nos colonnes; en outre, une nombreuse cavalerie tenait la plaine, menaçant notre convoi et paraissant disposée à prendre nos régiments à revers pendant leur attaque.

Un bataillon du 99e garda le convoi; un autre forma une réserve protégeant le derrière de nos colonnes contre la cavalerie. A gauche, le 2e bataillon du 2e zouaves, et plus à gauche encore, quatre compagnies de chasseurs durent aborder Guadalupe de front; à droite, le 1er bataillon du 2e zouaves, les fusiliers marins et l'infanterie de marine devaient passer entre San-Loretto et Guadalupe, tourner celui-ci et y pénétrer par la gorge.

On appelle gorge l'ouverture d'un fort située sur la face opposée à l'ennemi et destinée à livrer passage à la garnison; des madriers hérissés de lances ferment ces passages. Les deux colonnes étaient accompagnées chacune d'une section de génie, dont les sapeurs portaient des échelles et des sacs à poudre destinés à ouvrir les réduits.

Le signal donné, les deux colonnes s'élancèrent; celle de gauche droit devant elle; celle de droite s'engageant entre les deux forts et disparaissant bientôt au milieu des ondulations de terrain. On comptait surtout sur le mouvement tournant de cette dernière, l'attaque de face étant destinée à détourner l'attention de l'ennemi. Sur ce point, zouaves et chasseurs, se précipitèrent droit devant eux, abordant intrépidement le front de Guadalupe; une épouvantable décharge les couvrit de projectiles; les obus, les boulets s'abattirent sur eux, ils continuèrent leur course; mais, à trois cents mètres, les pièces vomirent la mitraille, plus meurtrière que les boulets; les crêtes des maisons se couronnèrent de rideaux de flammes ; deux mille hommes nous fusillaient du haut des toits; nous fûmes battus par un ouragan de fer et de plomb qui couchaient des rangs entiers sur le sol.

Bondissant sous cet orage épouvantable, zouaves et chasseurs sautèrent dans les fossés, puis sous une grêle de balles, dressèrent leurs échelles aux murailles et parurent bientôt sur le rempart.

Malheureusement le feu de l'ennemi était si violent que tous ceux qui se hissèrent sur les parapets retombèrent au fond des fossés, criblés de blessures; un seul, le clairon Roblet, des chasseurs, s'y maintint pendant quelques instants; il sonnait la charge à pleins poumons! Avant de redescendre, il agita son képi en faisant à la garnison ennemie un geste d'énergique défi, qui souleva un cri de colère.

L'impossibilité d'enlever le fort de vive force était démontrée : la colonne se rallia derrière un pli de terrain; c'est alors qu'eut lieu le beau fait d'armes d'un sergent de zouaves qui, apprenant que le sabre de son capitaine blessé était resté dans les fossés, eut l'audace d'aller l'y chercher « pour ne pas laisser une arme d'officier aux mains de l'ennemi. »

Toute la garnison tira sur lui; mais il revint sain et sauf par un miracle de chance. Cependant la colonne tournante ne reparaissait point, quand tout à coup on la vit revenir sur ses pas ; prise d'enfilade par San-Loretto, écrasée par les boulets de Guadalupe, elle s'était heurtée contre cinq mille hommes formant une ligne de bataille entre ces deux bastions.

Elle avait chargé, mais des masses de cavalerie s'étaient lancées au galop contre elle ; sa position était devenue si critique que tout ce qu'elle put faire fut de se dégager.

Elle vint se rallier à son tour derrière un accident du sol.

Le général Lorencez ne désespérait pas encore. Il avait gardé deux cents zouaves sous sa main ; il comptait reformer une colonne d'assaut, mettre ces zouaves en tête et tenter un effort désespéré qui peut-être aurait réussi.

Tout à coup un éclair déchira la nue; la foudre mêla ses éclats fulgurants aux détonations de l'artillerie, un nuage creva sur nos têtes, des torrents de pluie, fouettés par un vent d'une violence inouïe, tombèrent sur les pentes et les rendirent impraticables.

Impossible de se tenir debout sur les escarpements; la retraite sonna...

C'était un échec, mais un de ces échecs qui honorent une armée, en raison de l'héroïsme qu'elle a déployé.

RETRAITE DE PUEBLA

Charge de toute la cavalerie sur deux compagnies de chasseurs à pied. — Un assassinat odieux. — Les décorations de nos morts. — Les soldats du train et les mulets d'ambulance. — La mort sous son vilain côté. — Trahison. — Un gant qu'on ne relève pas. — Nos cinq cents blessés amputés en route. Le mot d'un Américain.

Nos deux colonnes n'avaient pu s'emparer de Puebla, mais l'ennemi avait subi lui aussi, un grave échec. Sa cavalerie, qui occupait la plaine, avait essayé de charger les assaillants; la contenance du bataillon du 99ᵉ, qui protégeait l'assaut, l'avait intimidée ; elle n'osa pas dessiner franchement son offensive.

En se repliant sans rien tenter, elle aperçut deux compagnies de chasseurs, environ cent cinquante hommes.

Cette petite troupe gardait le flanc gauche de la colonne qui attaquait le front du fort ; les nombreux escadrons ennemis trouvèrent cette poignée de chasseurs dispersés en tirailleurs, et répondant au feu de plusieurs compagnies qui nous inquiétaient.

Les juaristes chargèrent en fourrageurs, comptant avoir bon marché de ces fantassins; mais les chasseurs se rallièrent au pas de course et en cercle ; ils reçurent les cavaliers à la baïonnette. Ceux-ci furent si surpris de la promptitude de ce ralliement qu'ils tourbillonnèrent autour des compagnies.

— Ils nous ont fondu dans la main, — disait plus tard un officier de Juarez fait prisonnier, et encore émerveillé de cette manœuvre.

Toutefois les escadrons se reformèrent, entourant le cercle des chasseurs : les deux petites compagnies furent littéralement enveloppées par des nuées épaisses de réguliers et d'irréguliers ; toute la cavalerie donna contre eux.

Notre réserve, qui de loin assistait à cette scène, crut ses cent cinquante hommes prisonniers ou massacrés. Les escadrons de l'ennemi s'abattirent avec rage sur ce groupe isolé ; les spectateurs regardaient anxieusement ; tout disparut à leurs yeux au milieu d'un nuage de poussière et de fumée qui couvrit le terrain où se déroulait cette scène émouvante.

Cependant l'on entendait des cris de rage et une fusillade très-nourrie ; les chasseurs se défendaient.

Bientôt tout bruit cessa; l'on dut supposer qu'ils avaient succombé.

Mais peu à peu la fumée se dissipa et les chasseurs apparurent dans la plaine, fermes comme des rocs; les cavaliers avaient fui laissant deux cents des leurs sur le terrain ; ils n'avaient pu enfoncer les rangs de cette petite troupe héroïque qui fut saluée par de longs bravos.

Ce fait d'armes s'accomplissait au plus fort de l'action ; vers la fin, une compagnie du 1ᵉʳ d'infanterie de marine donna aussi un bel exemple d'intrépidité ; pour laisser aux soldats du train le temps d'enlever les blessés, elle resta en ligne pendant vingt-deux minutes, lorsque déjà toute la colonne de droite s'était repliée. Le train montra en cette circonstance cette froide bravoure, ce dévouement tranquille qui lui fait tant d'honneur. Les conducteurs doivent venir avec des mulets porteurs de litières et de cacolets, ramasser les blessés sous le feu de l'ennemi. Là où tombent les soldats, là est le danger.

Le conducteur du train a d'autant plus de mérite, que, tout entier à sa mission de paix, il ne prend point part à la lutte et ne s'exalte pas aux ardeurs enivrantes de la bataille ; il voit la mort sous son aspect horrible en plaçant dans sa litière ceux qu'il trouve mutilés et sanglants sur le terrain ; souvent même il est obligé de poser un homme qui a cessé de vivre près d'un agonisant, pour faire contrepoids à ce dernier.

Que de malheureux rendent le dernier soupir entre leurs bras !

Malgré ces causes de démoralisation, le soldat du train accomplit son devoir ; jamais en vain le clairon ne lui a lancé son appel de détresse pour lui signaler la chute d'un homme au fort de la mêlée. Où retentit la note lugubre il accourt.

Aussi tout soldat qui a vu un champ de bataille, professe-t-il une estime profonde pour le corps des équipages, le plus modeste et un des plus utiles de l'armée.

Le général Lorencez avait établi son ambulance dans une ferme, et, il avait arboré le pavillon rouge au-dessus du toit ; dans toutes les armées, le canon épargne les ambulances ; le général Negrete ne put empêcher ses artilleurs de tirer sur nos blessés. La responsabilité de ces actes ne remonte pas toujours aux officiers ; trop de gens sans aveu se faisaient soldats au Mexique et montraient une lâche férocité pour que les chefs pussent s'opposer à certains traits de cruauté.

C'est ainsi qu'un parti politique exalté avait fait fusiller le général Robles sans preuves, sans motifs, s'appuyant sur ce seul fait qu'il nous avait fourni des vivres ; or, à l'époque de la livraison nous étions en relations amicales avec Mexico.

Ce crime avait soulevé une indignation générale ; de même les traitements indignes infligés aux dépouilles mortelles de quelques braves qui étaient tombés sur les remparts de Guadalupe, excitèrent la reprobation de la partie saine de la garnison. On n'en vit pas moins quelques misérables porter sur leurs poitrines les croix et les médailles enlevées sur les corps de nos vaillants soldats ; un jour, un loyal officier de réguliers arracha un de ces insignes à un bandit des guérillas qui se pavanait devant lui ; pris plus tard au second siège de Puebla, il remit cette médaille à notre état-major.

Le général Lorencez, aux premières ondées de l'orage qui interrompait l'assaut, jugea qu'il était impossible de de donner suite à la seconde attaque ; il fit une fière retraite vers son camp où se tenait le convoi ; l'ennemi, quoique doublement supérieur en nombre, n'osa sortir de la place et nous inquiéter ; ses pertes l'avaient découragé. Nous lui avions tué ou blessé douze cents hommes ; nous en avions eu près de cinq cents hors de combat.

Pendant la nuit, nous nous attendions à une sortie ; la garnison ne bougea pas ; ce fait dit assez combien notre élan et notre acharnement avaient produit d'effet sur elle ; ce résultat était presque un triomphe. Le général Lorencez dut songer à se replier sur Orizaba, où ses troupes seraient à l'abri de la fièvre jaune et pourraient attendre, non loin de la Véra-Cruz, des renforts de France.

Le général espérait, d'après des renseignements dignes de foi, que des corps d'armée considérables viendraient le rejoindre ; il ne voulut pas quitter la Puebla de suite ; il tenait du reste à bien constater que l'ennemi n'oserait pas sortir de la ville ; les 6, 7 et 8 mai, il demeura campé sous les murs de la place.

Enfin il apprit que Zuloagua s'était rallié à la cause de Juarez et empêchait le général Marquez, notre allié, de faire sa jonction avec nous.

Le général prit la route d'Orizaba ; mais il s'arrêta encore le 9 et le 10 à la première étape, car on annonçait que l'ennemi nous suivait ; fausse nouvelle, il ne parut pas. Nous continuâmes notre route embarrassés par deux cent trente voitures contenant un mois de vivres, et par une ambulance transportant quatre cents malades ou blessés. Ces blessés furent admirablement soignés en route par nos docteurs toujours si dévoués et par nos infirmiers qui se multiplient ; ces quatre cents blessés furent tous pansés matin et soir ; beaucoup d'entre eux furent amputés pendant les haltes ; d'autres subirent des opérations plus difficiles encore ; très-peu périrent.

On doit ce résultat à notre belle organisation de transport : ces cacolets où l'on est assis comme dans un fauteuil, ces litières où l'on est couché, sont des inventions que nous envie l'Europe et qu'elle n'applique pas. On ignore pourquoi.

Peut-être la sollicitude pour les blessés est-elle plus développée en France que partout ailleurs ; peut-être aussi les armées ennemies n'ont-elles pas eu des Larrey et des Desgenettes pour créer des services d'ambulances ; chacun sait quel était le triste sort des blessés avant ces deux grands hommes auxquels l'armée sera éternellement reconnaissante.

Il est de plus constaté que le voyage au grand air empêche le développement du typhus, si fatal dans les hôpitaux ; les étapes procurent aussi aux hommes souffrants des distractions qui influent heureusement sur leur moral.

En arrivant à Orizaba, nos valétudinaires étaient dans l'état le plus satisfaisant, et c'est un titre d'honneur pour nos chirurgiens.

Nous résumerons le combat de Puebla par ce mot d'un Américain qui se trouvait dans la ville :

— Je donnerais mille dollars, — disait-il, — pour essuyer un échec comme celui que le général français vient de subir !

Et l'on sait si le Yankee tient à ses dollars !

RETOUR A ORIZABA.

La marche des lions. — Les Thermopyles. — Les amputés et les précipices. — Les remparts de bois. — Quatre hommes et un caporal. — Grande bataille entre cinq chasseurs d'Afrique et trente cavaliers mexicains. — Conséquences immenses d'une petite victoire. — Ingénieuse idée d'un zouave. — Une superstition indienne.

Après l'assaut de Puebla, la colonne fit sur Orizaba une retraite que les Indiens appelèrent la *marche des lions*.

Cette contenance superbe, cette persistance audacieuse à braver et à provoquer l'ennemi devant ses murailles, ces stations prolongées chaque fois qu'il était annoncé comme nous suivant, nos fières allures enfin frappèrent l'ennemi de respect. La population jugea entre nous et nos adversaires : le souvenir du combat de Puebla fut effacé. Du reste, nous n'avions pas été vaincus en rase campagne ; nous n'avions pas même essuyé une défaite ; nous n'avions éprouvé qu'un simple échec en attaquant un fort sans succès. Notre prestige, loin d'être entamé, avait grandi de la terreur que nous inspirions à la garnison.

Nous n'avions qu'une pensée : venger dans un prochain combat nos camarades tombés au pied de Guadalupe.

Nos adversaires n'avaient qu'une crainte, se heurter en pleine campagne contre d'intrépides soldats qui avaient couronné avec tant de hardiesse les remparts de Puebla.

Ils espéraient nous arrêter et nous livrer bataille que sur les hauteurs des Cumbrès, plus difficiles à franchir au retour qu'à l'aller ; nous avions cinq cents hommes, le dixième de notre effectif, hors de combat ; il fallait un millier de soldats pour garder nos blessés ; le quart de l'armée se trouvait donc immobilisé.

La cavalerie de Saragoza nous devança aux Cumbrès et s'empressa de requérir les Indiens du voisinage, auxquels elle fit élever quarante embuscades ayant la hauteur et les fossés d'une redoute ; des abatis d'arbres séculaires complétaient ses lignes de défense.

Ces obstacles, placés sur des hauteurs escarpées, formaient un ensemble de fortifications derrière lesquelles une compagnie était capable d'arrêter dix mille hommes ; les Spartiates auraient bravé là des forces immenses ; c'étaient les Thermopyles du Mexique !

Avec notre convoi, si considérablement augmenté par nos ambulances, nous nous trouvions fort compromis au pied des défilés.

Sans nos blessés, nous aurions regardé les cimes des Cumbrès d'un œil tranquille, certain de les atteindre et d'y remporter une glorieuse victoire ; mais il fallait y transporter par des sentiers affreux cinq cents hommes mutilés dont l'état demandait les plus grands ménagements.

Faire gravir ces rampes à des amputés qu'une secousse tuerait, quelle tâche pénible, quand le canon couvrait de mitraille les flancs des contreforts !

Autre considération : placée entre nous et la mer, l'armée de Saragoza nous coupait la retraite et nous enfermait entre les Cumbrès et Puebla. La cavalerie seule était arrivée d'abord : mais bientôt, pour nous enlever toute chance de succès, l'infanterie, débarrassée de tous les impédiments, nous avait devancés aux Cumbrès et s'était établie derrière ses retranchements : une terrible journée se préparait.

Survint un incident en apparence insignifiant qui changea cette situation dangereuse.

Un peloton de cavaliers d'élite choisis avec soin par les officiers ennemis occupait le village de Palmar et devait s'y cacher pour faire main basse sur nos éclaireurs lorsqu'ils reconnaîtraient cette position.

Quatre chasseurs d'Afrique et un brigadier parurent; au lieu de s'engager dans le village, ils le tournèrent.

L'idée de nos chasseurs, qui avaient vu ces cavaliers, était de les attaquer en leur coupant la retraite et de les capturer. Une pareille prétention ne pouvait germer que dans des cerveaux français.

Les cavaliers juaristes, eux, trouvaient la manœuvre des cinq chasseurs fort maladroite; ils se disaient que ces malheureux venaient se jeter dans la gueule du loup sans s'en douter.

Cependant nos chasseurs gagnent l'arrière du village. Les juaristes poussent un cri de triomphe et s'élancent.

Les chasseurs poussent un cri de joie et chargent à fond.

Les juaristes, qui n'avaient qu'une inquiétude, celle de voir leurs adversaires se dérober par une volte-face précipitée, restent ahuris par ce trait de folle témérité; ils s'arrêtent comme on fait en présence d'un acte extraordinaire qui déjoue toutes les prévisions.

Nos chasseurs enlèvent leurs chevaux et tombent au milieu du détachement anéanti par tant d'audace; les sabres menacent déjà les poitrines, que les cavaliers ennemis ne savent pas encore quelle contenance tenir. Sans se défendre, sans songer à fuir, ils se rendent ou pour mieux dire se laissent prendre. Un seul s'échappe et va raconter au camp ce qui s'est passé.

Les chasseurs nous ramène vingt-quatre prisonniers avec armes, chevaux et équipements; l'armée croyait voir arriver des déserteurs, tant le groupe ennemi paraissait considérable à côté de nos cinq cavaliers; les juaristes, revenus de leur surprise, semblaient désespérés; s'ils avaient eu leurs armes, peut-être auraient-ils tenté de se délivrer; mais il était trop tard. Le seul homme qui s'était sauvé fit le récit de cet engagement; la nouvelle se répandit dans l'armée de Saragoza et la démoralisa, tant ce fait d'armes paraissait merveilleux! Comment tenir contre des soldats capables de pareilles actions?

Les généraux eux-mêmes perdirent toute confiance et ordonnèrent la retraite; ils évacuèrent les Cumbrès.

Il nous fallut trois heures de travail pour ouvrir un passage au milieu des retranchements abandonnés; encore eut-on toutes les peines du monde à transporter les blessés. Certains blocs de rochers entassés pour former les embuscades pesaient au moins quinze milliers.

Un fait singulier et qui prouve la présence d'esprit de nos soldats signala le travail de déblayement.

Un zouave s'était écarté le long des pentes pour rattraper un outil tombé dans un ravin. Tout à coup, un bloc énorme, ébranlé par les efforts des mineurs, se détache et roule sur les flancs du ravin.

Le zouave est sur sa direction; il s'aperçoit du danger, saisit un gros caillou et le jette devant lui; puis il se couche.

Le bloc arrive en sifflant, brisant les arbres sur son chemin. On crut l'homme perdu; mais il se releva sain et sauf; la pierre avait ricoché en touchant le caillou et avait passé par-dessus le zouave.

Pour finir, citons une anecdote qui peint l'esprit dont la population était animée envers nous :

A Tecamaluan, une femme indienne donna à l'armée une preuve touchante de sympathie et d'admiration : elle avait un nouveau-né, et comme le père était mort quelques mois auparavant, laissant son fils orphelin, elle voulait en faire plus tard un soldat, sachant bien qu'elle ne pourrait lui donner une position meilleure.

Elle vint donc au camp des zouaves pour accomplir un acte de naïve superstition, et dans ce but elle demanda une cartouche à un sergent. Cette demande étonna celui-ci; mais elle insista tellement qu'il finit par lui donner un peu de poudre; elle la mélangea avec du lait, puis elle en fit boire une gorgée à l'enfant qui n'avait pas un mois.

Beaucoup d'Indiennes croient que quand on fait avaler de la poudre à un nouveau-né dans les trente premiers jours qui suivent sa naissance, si cette poudre appartient à un guerrier vaillant, l'enfant deviendra brave aussi.

Et l'Indienne avait voulu une cartouche française pour cette cérémonie singulière qui devait insuffler le courage dans les veines de son fils.

Le lendemain, 18 mai 1862, l'armée arrivait à Orizaba; mais elle laissait à une lieue en arrière, au défilé d'Ingenio, le 89ᵉ de ligne pour fermer à l'ennemi l'entrée de la vallée.

A peine avions-nous quitté ce régiment, qu'un de ses bataillons se portait en toute hâte au secours du général Marquez, notre allié, qui, en nous amenant quinze cents cavaliers, s'était trouvé en présence de l'armée de Saragoza. Le 89ᵉ de ligne livra là un de ces combats de géants qui font époque dans les fastes de la guerre.

Nous en raconterons prochainement les émouvantes péripéties.

COMBAT D'ACUCINGO.

Marquez et ses cavaliers. — Echec et mat. — Généraux et aventuriers. — Un coup de hache sur une armée. — Une manœuvre à la Turenne. — Le commandant Lefebvre. — Le coup de bélier. — La contagion du courage.

Plusieurs généraux mexicains disposant de troupes considérables devaient nous prêter leur concours; le général Lorencez avait compté sur les promesses faites, mais non tenues. Un chef influent, le général Marquez, avait sous ses cadres deux mille cinq cents cavaliers avec lesquels il occupait la ville de Matamoras; il fut inébranlable dans la résolution de rester fidèle à ses offres d'alliance, et il se mit en marche pour nous rejoindre. Mais un autre général, Otiaga, embrassa le parti de Juarez et, avec les troupes dont il disposait, il tint les cavaliers de Marquez en échec; cependant, le 17 mai, quand la colonne était encore à Tecamalucan, un officier d'état-major mexicain vint nous annoncer que le général Marquez approchait; bientôt en effet celui-ci se présenta. Il nous avertit que ses deux mille cinq cents cavaliers accouraient de Matamoras par des sentiers détournés, après avoir déjoué la surveillance de l'ennemi, et que sa colonne nous rejoindrait bientôt à Orizaba que nous devions atteindre le lendemain.

Ce renfort inespéré en cavalerie était pour nous une bonne fortune, car nous n'avions qu'un escadron de chasseurs. Marquez fut accueilli avec enthousiasme, tant à cause de la loyauté avec laquelle il tenait ses engagements qu'en raison du courage qu'il déploya ce jour même. Il avait quitté sa colonne escorté seulement de quelques cavaliers, et par des chemins de chèvres il avait devancé les siens; il voulut retourner près d'eux.

En route, il pouvait rencontrer l'ennemi et, au cas où il eût été pris, il eût été fusillé comme le général Robles, il nous quitta néanmoins pour se jeter dans les montagnes.

Les généraux mexicains s'aventurent souvent de la sorte; admirablement montés, suivis d'une poignée d'hommes résolus, sur des chevaux très-*vites*, ils ne redoutent pas les guérillas qu'ils distancent facilement en cas de poursuites. Restent les embuscades, les ruses de guerre, les piéges tendus; mais tout chef mexicain est peu ou prou un homme du désert qui a pratiqué la vie d'embûches menée par les chasseurs des prairies; ils ont un flair merveilleux pour éviter la présence de l'ennemi, mille ressources ingénieuses pour lui échapper. Marquez arriva près des siens sain et sauf.

Notre colonne avait, nous l'avons dit, continué sa route vers Orizaba, laissant à Ingenio le 89°.

Ce régiment était à peine campé qu'un coureur envoyé par Marquez annonça que Saragoza s'était placé à Aculingo, sur le point d'intersection de la route de Matamoras, par où venaient les alliés, et de celle de Puebla à Orizaba, par laquelle ils voulaient gagner cette ville.

Impossible de passer ailleurs, car les escarpements des crêtes étaient inaccessibles; Saragoza fermait cet unique débouché.

Le colonel l'Hériller ne pouvait laisser sans secours ces deux mille cinq cents cavaliers, qui eussent été forcés de se disperser après des tentatives infructueuses; mais il ne pouvait non plus abandonner le poste important qu'il gardait et par lequel il couvrait Orizaba; il se décida à retenir un de ses bataillons près de lui et en envoya l'autre contre Saragoza, sous les ordres du commandant Lefèbvre, avec deux obusiers.

Parti à deux heures et demie de l'après-midi, ce bataillon, fort de cinq cents hommes, arriva par une marche forcée, un peu avant cinq heures en présence de l'armée juariste; celle-ci occupait une hauteur d'où elle dominait les cavaliers de Marquez arrêtés à la bifurcation des deux chemins.

Le commandant, sans s'étonner de la force de cette position et du nombre de ses adversaires, divisa sa troupe en deux colonnes : l'une menaça la gauche de Saragoza qui posta sur ce point la plus grande partie de son monde; l'autre profita de cette maladresse pour attaquer le mamelon qui commandait le défilé par où Marquez devait passer.

Nos obusiers ouvrirent le feu; mais presqu'en même temps que les projectiles, nos soldats furent au milieu des troupes ennemies, qu'ils avaient coupées en deux, comme un morceau de bois est fendu par un coup de hache; les escadrons de Marquez s'élancèrent par la trouée que nos baïonnettes avaient faite, et ils opérèrent leur jonction avec nous.

Le but de cette journée était atteint, et les alliés n'avaient plus qu'à se retirer, en se défendant vigoureusement, jusqu'à Ingenio, sur le bataillon qui s'y trouvait. Mais le commandant avait conçu l'audacieuse pensée, non-seulement de battre Saragoza, mais encore de disperser son armée après lui en avoir enlevé une partie par un beau coup de filet. Le commandant demanda à ses alliés s'ils étaient disposés à le seconder énergiquement, et, les voyant bien déterminés, il imagina une savante manœuvre; il voulait s'enfoncer avec son bataillon, comme un coin, dans le centre ennemi, et le refouler; en même temps ses obusiers cribleraient un aile et les cavaliers attaqueraient l'autre en la débordant; prise entre le bataillon qui la dépasserait après avoir culbuté le centre et les escadrons de Marquez, cette aile devait se rendre ou périr.

Les auxiliaires mexicains jurèrent de se conduire vaillamment. Le bataillon, habilement groupé, s'ébranla; les clairons sonnèrent la charge, et nos cinq cents fantassins, frappant les rangs ennemis comme un bélier frappe un mur, y pratiquèrent une large brèche; ils poussèrent tout ce qui se trouvait en face d'eux la baïonnette aux reins, et se trouvèrent engagés au cœur de l'armée mexicaine. Le général Marquez choisit avec un tact militaire remarquable le moment d'agir; il déborda au trot le flanc de l'aile gauche, se rabattit sur elle au galop et la rejeta sur le bataillon qui s'était hérissé d'une ceinture de fer.

Les juaristes mirent bas les armes.

Désarmés, ils restèrent à la garde de quelques hommes; notre bataillon et ses auxiliaires achevèrent la dispersion de leurs adversaires, qui s'enfuirent dans une déroute complète; la cavalerie juariste avait seule conservé ses rangs; elle voulut protéger les fuyards, mais elle ne réussit qu'à se faire sabrer et laissa plusieurs escadrons en notre pouvoir.

Quand on cessa la poursuite, on compta les prises : nous avions capturé huit cent vingt-six fantassins, cinq cent trente-sept cavaliers, et nous avions enlevé un drapeau; cent quarante-cinq cadavres et deux cent quatre-vingts blessés jonchaient le sol; autant d'hommes moins grièvement atteints avaient échappé; c'était un désastre sanglant, une irréparable défaite.

Mais le plus étrange, c'est que nous n'avions eu que deux tués et vingt-trois blessés! Quand les cavaliers de Marquez virent le plateau jonché d'armes et de débris, les crêtes sillonnées de fuyards éperdus, le mamelon couvert de prisonniers, puis, auprès de notre guidon triomphant, l'étendard juariste porté en berne, ils comprirent qu'ils venaient de s'associer à une lutte dont le retentissement s'étendrait au loin; ils nous surent gré de les avoir en quelque sorte grandis à notre taille, et, dans l'enthousiasme de la victoire, ils échangèrent de cordiales étreintes avec leurs compagnons d'armes.

Avant cette journée, ils ne voyaient en nous que des hommes combattant l'ennemi auquel ils avaient voué une haine mortelle; depuis, ce baptême du feu reçu en commun cimenta entre eux et nous une alliance indissoluble, fondée sur l'estime réciproque; ils furent toujours prêts à combattre et à mourir à nos côtés.

Nos adversaires ne comprenaient pas comment ces cavaliers avaient si rapidement conquis de précieuses qualités militaires et surtout cet élan fougueux qui les caractérisa; le secret de cette transformation est tout entier dans la fascination de l'exemple; il fut prouvé à Aculingo que la bravoure, comme la peur, est contagieuse.

BLOCUS D'ORIZABA.

Différentes races. — Oppression des Indiens. — Crime et vendetta. — Une razzia en payant. — La piastre bénite. — Pillages juaristes. — Une résolution audacieuse. — La colonne sauvée.

La population du Mexique se compose de trois races : les blancs qui descendent des Espagnols, les métis et les Indiens. Ces derniers, forment la majorité, et sont, qu'on nous passe le mot, les pères nourriciers du pays; ils cultivent la terre, qui sans eux serait abandonnée, ils vivifient l'industrie et le commerce. Cependant ils étaient avant notre arrivée sous le joug des deux autres races, qui les rançonnaient cruellement à la faveur de l'anarchie permanente; pillés sans cesse par tous les soldats indistinctement, massacrés souvent, ils étaient les victimes, les martyrs nés de la guerre civile. Ils comprirent que nous devions faire cesser cet état de choses et prirent parti pour nous.

Mieux que toute explication, les faits suivants peindront la déplorable situation où était plongée à notre arrivée cette intéressante et laborieuse population des campagnes.

Pendant que le commandant Lefèbvre battait l'ennemi, la colonne expéditionnaire, ignorant cette victoire, rentrait à Orizaba avec le regret de n'avoir point rencontré Saragoza pendant cette retraite prolongée à dessein.

Dès le soir même, un Indien accourait, et comme le soldat grec de Marathon, il tomba aux avant-postes, brisé par une longue course; il ne put d'abord prononcer que des mots inintelligibles; on crut que ce malheureux était fou. Le pauvre diable n'était que fatigué ; il avait couru tout d'une traite pour avertir nos soldats qu'un grand triomphe venait d'illustrer nos drapeaux.

Cet Indien était un cultivateur auquel les juaristes avaient enlevé ses bœufs, ses provisions, ses petites épargnes ; puis, ils avaient emmené sa femme et ses filles que, plus tard, il avait retrouvées mortes et abandonnées au milieu des champs.

On conçoit la rage qu'un pareil crime avait excitée dans le cœur de cet Indien inoffensif, étranger à tous les partis ; il avait voué aux guérillas une haine acharnée.

Dès le lendemain il rôdait à la nuit autour du bivac de la bande dont il avait été victime, tuait une sentinelle et lui enlevait son cheval et ses armes.

La nuit suivante il a ai eu l'audace de tomber seul et à cheval sur le campement des mêmes guérillas, et il déchargeait sur les bandits endormis sa carabine et ses pistolets ; puis il s'échappait sans blessures. Le surlendemain se livrait le combat d'Aculcingo ; il assista à ce drame caché derrière une broussaille et tirant avec rage sur les juaristes ; quand notre succès fut évident, il se sentit enthousiasmé par la lutte de géants à laquelle il avait pris une part meurtrière ; il s'éprit, pour les nôtres, d'une admiration profonde et les regarda comme les vengeurs des Indiens si misérables de sa race.

La vue de ce champ de bataille jonché de morts le grisa en quelque sorte ; il se sentit pris comme d'une joie folle qu'il voulut faire partager à toute notre armée. Laissant cavaliers et fantassins poursuivre Saragoza, il courut vers Orizaba et y arriva haletant ; des courriers vinrent bientôt confirmer le récit qu'il avait pu faire après un instant de repos. Aussitôt sa mission terminée, il se réconforta d'une tasse de café et d'une gorgée d'aguardiente (eau-de-vie), puis il repartit.

— Où vas-tu ? — lui demanda-t-on ?
— Poursuivre ma vengeance ! — répondit-il.

En effet, il retrouva son cheval, qu'il avait laissé à deux lieues d'Aculcingo, pour suivre sans être remarqué l'armée de Saragoza ; et il poursuivit les fantassins éclopés de ce général, les sabrant pour son propre compte.

Chaque fois qu'un engagement eut lieu, le même Indien, sans cesse aux aguets, combattit aux risques et périls de quelque coin du théâtre de l'affaire où il s'embusquait ; il s'acharnait ensuite contre les fuyards si nous étions vainqueurs.

On ne reconnut ces faits que trop tard pour arrêter cette vengeance impitoyable ; il eût été difficile du reste d'empêcher un homme dont le cœur était profondément ulcéré d'accomplir cette vendetta sanglante ; car il avait soin de se cacher de nous, sachant combien nous avions de pitié pour l'ennemi vaincu.

Nous avons cité cette anecdote parce qu'elle montre à quel point la population indienne était pillée et poussée à bout par les bandes juaristes, et, avant cette guerre, par tous les partis qui déchiraient le pays ; si l'on songe que les Indiens forment la grande majorité du pays, on comprendra comment ils nous accueillirent en libérateurs et quel appui ils nous prêtèrent. En toute occasion ils manifestèrent pour nos adversaires une aversion qui se traduisit plus d'une fois par des coups de fusil.

Les Indiens ne demandaient qu'une chose, eux qui sont les seuls producteurs, travailler en paix et n'être ni pillés, ni battus. C'est un vœu qui peut sembler fort naturel aux Européens ; mais il paraît qu'avant notre intervention c'était une prétention exorbitante. En présence de nos soldats si bien disciplinés, cette population comprit que notre triomphe serait une délivrance ; elle le désira ardemment et y contribua. Elle nous fournit des convois, des auxiliaires et surtout des espions dévoués qui jouèrent mille fois leur tête pour aller chercher et rapporter de bons avis. Notre probité contribua puissamment à nous gagner l'affection des Indiens, qui jamais n'avaient vu l'argent des gens de guerre.

Un jour nos officiers d'administration arrivent avec escorte dans un village ; à leur approche on cache toutes les provisions ; ils demandent du maïs aux habitants, qui n'en ont pas, prétendent-ils. Les zouaves d'escorte ne se payent pas de cette défaite et se mettent en quête, découvrent les cachettes et transportent le blé sur les mulets ; ensuite les officiers font venir le chef du village, qui tremblait de tous ses membres.

— Avez-vous encore d'autre grain ? — lui demande-t-il.
— Hélas ! non, — répond le pauvre homme ; — vos zouaves sont plus fins que les guérillas ; ils ont tout découvert. — Nos officiers se mettent à rire de la façon piteuse dont la chose était dite. — Seigneurs officiers, — hasarda alors le chef un peu rassuré, — soyez généreux : laissez-nous quelques sacs pour vivre l'espace d'une semaine, afin que nous ayons le temps de racheter d'autres provisions.
— C'est trop juste, — dit-on.

Et on se rendit à ces vœux.

Les gens du village parurent nous savoir beaucoup de gré de cette concession. Mais ils étaient destinés à marcher de surprise en surprise. On compta les sacs, on évalua un peu au-dessus du taux ordinaire, et on fit former le cercle aux propriétaires ; ceux-ci voyant compter de l'argent manifestaient une visible inquiétude, supposant que les Français n'avaient pas fini leur razzia et allaient compléter par une contribution une somme fixée par leur général et devant être rapportée au camp.

Les choses se passaient ainsi avant nous.

Grande fut la stupéfaction de ces braves gens quand on mit à chacun sa part de piastres dans la main : ils n'en revenaient pas d'étonnement ; les uns tombaient à genoux, les autres voulaient embrasser nos soldats. Dans leur reconnaissance, ils offrirent un banquet au détachement, et un *Te Deum* fut chanté dans l'église par le curé, en l'honneur des Français *venus pour délivrer le pays de l'anarchie et des voleurs.*

Mais le détail le plus original, c'est qu'une piastre fût solennellement bénite et clouée sur le maître-autel, afin de rappeler ce mémorable événement, car c'était pour les Indiens une date célèbre que celle où, pour la première fois, une force armée leur payait les vivres qu'elle emportait.

Malheureusement nous avions beau prêcher d'exemple, ce qui est la meilleure manière de prêcher, nos ennemis ne nous imitaient pas.

Quelques temps après les juaristes pillaient le village et prenaient aux habitants tout ce qu'ils possédaient ; tout, y compris la fameuse piastre clouée sur le maître-autel.

Cet acte exaspéra les populations.

Notre conduite à l'égard des Indiens nous permit de rassembler des ressources considérables à Orizaba, où nous voulions nous installer, et contribua puissamment au salut de la colonne. Quand on sut que les Français soldaient, on ne cacha plus le maïs ; c'était pour nous une question capitale.

En effet, nos adversaires espéraient que nous serions forcés de retourner à Vera-Cruz, où nos flottes nous ravitailleraient, mais où la fièvre jaune nous décimerait : rester à Orizaba leur semblait impossible. Nous avions épuisé les ressources que nous avions emportées sur nos convois, et il fallait réunir des vivres pour longtemps, car les forces ennemies allaient nous bloquer et nous fermer les communications vers la mer.

Le général Lorencez, avec une rare audace, s'établit à Orizaba, décidé à tenir en échec toutes les forces de l'empire ; il avait calculé que s'il parvenait à y entasser pour deux mois de provisions seulement, il aurait le temps d'envoyer un bataillon à Véra-Cruz afin d'y chercher un convoi.

Et un bataillon pouvait braver en rase campagne tous les guérillas du Mexique ; le 89ᵉ venait de prouver glorieusement que cinq cents Français culbutaient une armée juariste.

L'on apprit donc bientôt, non sans étonnement, à Mexico, que notre colonne se fortifiait dans Orizaba, et y attendait intrépidement l'ennemi. Juarez comprit que nous échapperions aux fièvres jaunes des terres chaudes ; il résolut de nous y rejeter de vive force, et il fit marcher trente mille hommes contre nous.

Nous dirons les combats homériques qui se livrèrent entre notre poignée de braves et ces masses imposantes sous les murailles d'Orizaba.

LE THÉATRE.

Fortifications improvisées. — Le serment d'honneur. — Le théâtre. — Dumanet en Chine. — Le caporal Durand. — L'Anglais, sa main et son cœur. — Malentendu. — Les représentations sous les canons de Saragoza. — Encore des héros !

Orizaba où nous nous retranchions était une ville ouverte ; Juarez comptait nous y forcer sans peine ; mais en trois jours la place était en état de défense.

On utilisa d'abord le cours d'une rivière pour faire une protection sur l'une des faces de la ville ; puis on barricada toutes les rues, si bien que toutes les issues furent fermées, les maisons placées entre les barricades furent crénelées ; les murailles trop faibles furent consolidées. De la sorte on improvisa une enceinte continue et bastionnée.

On sait qu'un rempart doit être terrassé, c'est-à-dire que derrière le mur de pierre s'étend une plateforme de terre de plusieurs mètres d'épaisseur. Ces terres-pleins qui consolident les ouvrages de maçonnerie manquaient à nos fortifications ; on y suppléa en enterrant l'une sur l'autre des balles de coton dont on trouva un grand nombre ; les projectiles s'amortissaient sur elles.

En arrière de chaque barricade, les façades donnant sur la rue étaient percées de meurtrières, d'où l'on dirigeait un feu plongeant sur les assaillants. La barrière franchie, il fallait défiler sous une grêle de balles.

Enfin nous avions établi nos pièces en batterie sur les points les plus favorables.

Tous ces travaux s'opéraient sous les yeux des douze mille habitants d'Orizaba, qui virent avec stupéfaction nos soldats à l'œuvre jour et nuit, ardents, infatigables, et opérant en soixante heures ce prodige de rendre imprenable à trente mille hommes une cité ouverte.

Les fortifications construites, il fallait les garder ; le général Lorencez dut mettre dans la défense un ordre admirable. Chaque bataillon eut son quartier, chaque compagnie sa rue, chaque escouade son poste, chaque soldat sa place.

Le commandant d'un bataillon répondait sur l'honneur de son quartier, le capitaine de sa barricade, le sergent de son îlot, le caporal de sa maison, le fusilier de son créneau ; tous jurèrent de mourir plutôt que de reculer d'un pas.

Pendant le bombardement, ce serment fut énergiquement tenu.

Pour habituer chacun à trouver sans bruit et sans encombre la meurtrière ou le créneau qui lui était dévolu, un clairon donnait, soit le jour, soit la nuit, un léger signal ; on prenait les armes, on courait aux barricades et l'on était sur pied en trois minutes. Encore c'était beaucoup dire.

Ces dispositions prises, on s'inquiéta de faire connaître notre situation à Véra-Cruz ; envoyer un courrier était chose presque impossible, il eût été pris par les guérillas. C'est alors que le concours des Indiens nous fut utile ; les plus habiles d'entre eux s'offrirent pour porter nos dépêches.

Ils employaient les ruses les plus originales pour les cacher ; l'un d'eux fit copier le plus laconiquement possible sur un papier très-mince et d'une écriture très-fine les instructions du général au commandant de Véra-Cruz ; il roula le tout en forme de pelote qu'il enduisit de cire et se l'introduisit dans le creux de l'oreille.

L'un de nos Indiens imagina un meilleur procédé encore ; arrivé à Orizaba, portant à la main une baguette garnie de feuilles sèches et arrachée à un arbre, il s'éventait négligemment avec elle en marchant. Il présenta cette petite branche en disant qu'elle contenait une dépêche.

— Elle est vissée, — dit-il, — mais je défie de trouver le joint.

Et en effet, il fallut qu'il la dévissât lui-même et tirât la dépêche du creux de cette baguette, qu'à bon droit nos soldats appelaient *magique*.

Dans le cours de la campagne, un autre espion avait un chien qu'il rasait et auquel il avait ajusté une fourrure d'emprunt dont le plus habile n'aurait pas soupçonné l'existence ; le pauvre Indien fut tué un soir, on ignore comment : son chien vint demander l'hospitalité à une de nos compagnies qui l'adopta.

En attendant que l'on pût nous envoyer des renforts et des convois, on s'arrangea pour passer gaiement le blocus.

Parmi les distractions qui furent imaginées, le théâtre mérite à coup sûr la première place ; il fallut tout y créer.

Décors, costumes, pièces, on était dépourvu de tout ; mais la fameuse troupe d'acteurs d'Inkermann avait laissé de trop glorieuses traditions pour qu'on restât court faute de moyens.

On parvint à jouer tous les genres dans une salle splendide, comble tous les soirs ; jamais les gens d'Orizaba n'avaient possédé une troupe aussi complète.

Vaudevilles et drames, opéras et comédies, tout enfin, jusqu'à des féeries, fut représenté. Les trucs de *Dumanet en Chine* étaient merveilleux ; les machines fonctionnaient comme à la Porte-Saint-Martin. On voyait un sabre transformé en pagode ; l'incendie du palais d'été aurait fait courir tout Paris, blasé pourtant sur ces sortes de merveilles.

Un jeune zouave nommé Durand fut la base du succès ; il était la jeune première de la troupe pour la comédie ; la prima dona pour les opéras ; prima dona à ce point qu'on lui offrit un engagement sérieux et fort brillant pour San-Francisco.

Toute l'armée du reste fournit des artistes ; mais de l'aveu de tous, Durand était incomparable ; plus tard à Mexico, il tourna toutes les têtes ; les dames l'accablaient de bouquets et ce fut certainement le plus heureux mortel de toute la colonne.

Le lendemain de la soirée où il parut pour la première fois sur le théâtre de Mexico, on vit arriver un résidant anglais fort riche à la direction ; il était en habit, ganté de frais, tenue de cérémonie.

Il venait offrir sa main et son cœur à la jeune première qu'il prenait pour une cantinière à la suite d'un malentendu facile à comprendre ; on lui prouva par les ordres du jour, que Durand était un rude soldat qui avait été cité à l'ordre de l'armée pour un fait d'armes héroïque.

Au second siège de Puebla, à l'assaut du pénitencier, il s'était emparé d'un obusier après avoir tué ses défenseurs, avait retourné la pièce et l'avait pointée sur l'ennemi.

Pour ce fait il fut médaillé.

Cet artiste si brave a quitté le régiment, et nous ignorons ce qu'il est devenu ; mais, où qu'il soit, s'il lit ces lignes, qu'il sache bien que tous se souviennent de sa bravoure et de sa gaieté, que nul n'a perdu la mémoire des heures joyeuses qu'il nous fit passer devant la rampe d'Orizaba, quand nous avions tant besoin d'oublier que des milliers de lieues nous séparaient de la patrie.

Nous devons payer aussi un juste tribut de reconnaissance à monsieur de Chabannes, un aspirant de marine, non moins brave que Durand, et qui fut chargé d'organiser le théâtre.

Tous les artistes du reste, étaient de vaillants cœurs qui jetaient au vent les oripaux dès que tonnait le canon et qui accouraient reprendre leurs rangs dans leurs compagnies.

Les réprésentations dramatiques au milieu des circonstances critiques où nous nous trouvions donnent la mesure du caractère français, auquel les plus grands dangers ne peuvent enlever son insouciance pour la mort et la souffrance.

Des forces écrasantes bloquaient cette petite colonne ; elle en était réduite à la demi-ration, la faim rongeait les poitrines, et l'on allait s'amuser au spectacle !

Un officier ennemi fait prisonnier fut conduit à la représentation d'une charge burlesque imitée du Palais-Royal ; les rires et les bravos faisaient trembler les murs, Saragoza, pourtant, s'avançait pour bombarder la ville.

A la vue de cette hilarité si franche, si bruyante, le Mexicain se leva et lança cette apostrophe :

— Vieux sol gaulois, tu es toujours la terre sacrée des héros !

Cette même nuit, l'attaque commençait et les obus pleuvaient sur nous.

Acteurs et spectateurs couraient aux armes.

LE RUISSEAU DES PIERRES.

Trahison et guet-apens. — Vingt fusils contre trois mille carabines. — Sans quartier. — Les deux cantinières des zouaves.

Nos courriers indiens avaient porté nos dépêches à la Véra-Cruz, grâce aux ingénieux procédés que nous avons décrits.

Vera-Cruz était notre port de débarquement, notre base d'opérations ; c'est là qu'arrivaient tous les renforts, tous les secours envoyés de France. Nous annoncions au gouverneur que nous étions à court de munitions de guerre ; nous étions aussi menacés de manquer de pain dans un délai assez rapproché ; le commandant de la Vera-Cruz résolut d'organiser un convoi et de nous l'envoyer sous une escorte qu'il avait sous la main.

Cette escorte ne présentait pas toutes les conditions de sécurité désirables, mais l'on avait tout lieu d'espérer que l'ennemi ne tenterait rien contre elle. Des partis peu nombreux tenaient la plaine, Saragoza semblait profondément découragé ; de plus, les circonstances étaient pressantes, et il fallait confier la garde des fourgons aux hommes que l'on avait à sa disposition : c'étaient des convalescents, des infirmiers, des ouvriers d'administration, des cantiniers, des soldats du train ; les premiers, trop faibles pour avoir cette énergie morale et physique qui permet les luttes à outrance ; les autres trop peu habitués au combat pour ne pas être inexpérimentés dans le maniement des armes et surtout dans les manœuvres difficiles de tirailleurs que nécessite la protection d'une longue file de voitures.

Enfin, il le fallait ainsi : nécessité n'a pas de loi.

On pensait aussi que l'armée juariste, démoralisée par sa défaite d'Aculcingo, n'oserait pas s'aventurer en rase campagne et occuper sérieusement les routes entre Vera-Cruz et Orizaba ; vaine espérance, on le verra !

Le convoi comptait plusieurs centaines de voitures dont quelques-unes étaient attelées de seize mules. Les chemins étaient si mauvais que l'on ne traversait pas plus de dix kilomètres par jour, et ces étapes duraient souvent quatorze heures. L'ennemi eut donc tout le temps d'être averti qu'un convoi nous était envoyé ; il put observer l'escorte et se convaincre qu'elle se composait surtout de non combattants, armés il est vrai, mais point aguerris.

Les *arreros* (conducteurs) des attelages nous trahissaient pour la plupart et donnaient aux espions de Juarez tous les renseignements possibles, encourageant nos adversaires à une attaque. Plusieurs chefs de guérillas, excités par l'appât du gain, — un butin considérable devait être le fruit de la victoire, — se rassemblèrent et s'entendirent ; au nombre de plusieurs milliers de cavaliers, ils se groupèrent aux environs de Metta-Indios. Ils devaient tomber sur le convoi au moment où sa tête arriverait à ce bivac, le centre étant encore engagé au ruisseau des Pierres (*arago de Piedras*). Une partie de l'escorte commit la faute de quitter les voitures quand le bivac fut en vue ; ces soldats, fatigués par une marche pénible, avaient hâte d'établir leurs tentes et d'allumer leurs feux ; ils étaient trempés jusqu'aux os et mouraient de faim.

Les guérillas avaient prévu toutes ces particularités. Le terrain les favorisait ; l'embarras du convoi, dont une partie était enfoncée dans le torrent, ajoutait pour eux aux chances de succès, sans compter leur immense supériorité numérique. Cependant ils n'osèrent pas charger ; ils filèrent de chaque côté du convoi, se dissimulant sans peine par des accidents de terrain ; puis, quand leur mouvement tournant fut terminé, ils engagèrent sur l'escorte une fusillade générale.

Ils espéraient mettre en fuite les défenseurs des voitures, mais ceux-ci ne songèrent qu'à opposer une énergique résistance aux assaillants. Ils saisirent leurs mousquetons pour opposer feu pour feu ; malheureusement presque tous étaient hors de service ; les ouvriers d'administration et infirmiers n'avaient pas songé, par ces pluies torrentielles, à entretenir leurs armes en bon état ; canons, baguettes, batteries, tout était rouillé, faussé, détérioré.

De plus, ils ne s'étaient point fabriqué, comme le font les soldats en campagne, des cartouchières de peau ou de toiles goudronnées ; la poudre était humide, la giberne ordinaire laissant l'eau pénétrer par ses interstices : vingt fusils à peine purent être mis en ligne.

Deux cantiniers de zouaves se trouvaient parmi l'escorte avec leurs femmes. Ces quatre vieux soldats, nous comptons les cantinières, se groupèrent autour de l'officier d'administration qui commandait et devinrent, avec lui, l'âme de la défense. Ils rallièrent toute l'escorte, et, sentant l'impossibilité de répondre à la mousqueterie, ils chargèrent à la baïonnette une des trois bandes de guérillas, laquelle se dispersa devant eux, incapable de tenir contre le choc de cette petite colonne ; mais cette attaque avait éloigné notre troupe de son convoi, sur lequel s'abattirent les deux autres bandes. Aidées par les muletiers qui nous trahirent, elles coupèrent les traits des attelages et cherchèrent à renverser les voitures.

L'escorte revint sur ses pas et dispersa cette nuée de pillards. Malheureusement ces cavaliers ne s'enfuirent pas loin : à portée de fusil, ils firent volte-face et recommencèrent à tirer ; le convoi se trouva enveloppé de nouveau d'une ceinture de flamme, et notre petit effectif subit des pertes rapides sans pouvoir se servir de ses mousquetons.

Cependant l'escorte tenta un effort d'une rare audace pour se dégager ; les soldats du train et quelques hommes, montés sur des mules dont ils se saisirent, se jetèrent au galop au milieu des assaillants de gauche, engagèrent une lutte à coups de sabre, au nombre de trente au plus contre cinq cents hommes; le reste de l'escorte se lança en colonne contre les guérillas de droite. Ces misérables bandits tournèrent bride des deux côtés et disparurent. Nos soldats vainqueurs poussèrent un hourra de triomphe et ramassèrent leurs blessés; ils se croyaient sauvés et comptaient avec amertume les morts qui jonchaient le terrain. Tout à coup le feu de l'ennemi recommença plus précipité, plus ardent que jamais.

Nouvelles charges intrépides des nôtres, nouvelles retraites des guérillas; mais à chacun de nos mouvements rétrogrades vers les voitures, les cavaliers de Juarez revenaient avec acharnement s'embusquer et cribler de balles notre détachement, incapable de riposter sérieusement. Cependant, chaque fois qu'un des nôtres, muni d'un fusil en bon état, tombait pour ne plus se relever, un autre prenait l'arme et s'en servait; mais que peuvent vingt mousquetons contre plusieurs milliers de carabines !

Il devint impossible bientôt de courir sus aux assaillants; le peu de survivants qui restaient sautèrent dans les fourgons et s'y abritèrent, tiraillant toujours; peu à peu, les planches des voitures furent entamées, criblées et broyées sous la grêle de plomb qui s'abattait sur elles; leurs défenseurs furent hachés par les projectiles, et il ne resta debout que cinq personnes, les deux cantiniers, leurs femmes et un soldat du train, couverts par un chariot plus solide que les autres.

Une troupe régulière eût offert quartier à ces braves gens; les brigands qui les attaquaient méprisaient trop les lois de la guerre et de l'humanité pour avoir un peu de loyauté ou de pitié; ils prirent un sauvage plaisir à massacrer leurs adversaires jusqu'au dernier.

Le soldat du train saisit un cheval blessé qui passait à sa portée, sauta en selle, redonna à sa monture un reste de vigueur, et poussa droit au plus épais des groupes ennemis; le cheval tomba en arrivant près d'eux; le cavalier se releva, et, entouré par une trentaine d'hommes, il éventra une douzaine de chevaux, blessa ou tua autant de guérillas, s'affaissa avec huit blessures, et trouva assez de force pour plonger son sabre dans la poitrine d'un de ceux qui l'achevaient.

Pendant ce temps un cantinier avait la tête cassée par une balle, l'autre gisait, à peu près inanimé, au fond du char; restaient les deux femmes.

Blessées toutes deux, elles luttèrent jusqu'au dernier soupir, et, lâcheté inouïe, pas un cavalier n'osa aborder franchement la voiture et en finir par un coup de lance avec ces héroïnes, tant qu'elles furent debout. Ils les assassinèrent de loin avec leurs carabines.

Enfin ces deux femmes s'affaissèrent. Une troupe de véritables bêtes fauves s'élança sur leurs cadavres et les mutila d'une atroce façon. On retrouva les corps, témoins sanglants de cette barbarie infâme.

Un long cri de vengeance s'éleva dans l'armée quand un de nos bataillons, qui traversa plus tard le champ de bataille, raconta ce qu'il avait vu.

Quels auxiliaires déshonorants que ces immondes brigands dont nos adversaires emploient les services !

Ces horreurs jetèrent sur le parti juariste une déconsidération qui rallia bien des sympathies honorables autour de nous. Les cantinières si vaillantes du 2º zouaves dorment sous deux pierres modestes à l'ombre de deux arbres, près du théâtre du drame dont elles furent les héroïnes. Ces deux tombes attestent que nous eûmes à combattre des misérables qui égorgent les femmes !

COMBAT DU CERO BOREGO.

Comment le 99º interprétait ces mots : *forces considérables*. — Un défilé insolent. — Comment et pourquoi les juaristes fusillaient un Indien. — D'une petite femme qui aimait son mari et qui rendit un important service à l'armée française. — Le capitaine Dietri et le général Ortega, ou soixante contre cinq mille ! — Un chant d'Homère. — Le capitaine Leclère. Une page de l'Arioste. — Ruse de guerre. — Affreuse déroute. Victoire immortelle.

Le massacre du convoi que nous avons décrit fut un événement déplorable; il privait la ville d'Orizaba d'un renfort en vivres et en munitions dont elle avait le plus pressant besoin ; une grande armée marchait contre elle pour l'assiéger.

Saragoza conduisait le corps principal; Ortega amenait cinq mille hommes.

Pour entrer dans la vallée d'Orizaba, il fallait passer par le col d'Ingenio, défendu par le 99º, dont l'effectif montait à mille hommes environ; l'ennemi se souvenait des prouesses de cette poignée de héros à Aculcingo; il campa en face du défilé, n'osant y pénétrer le premier jour.

Le 99º avait pour instruction de ne pas s'engager avec des forces considérables, et de se replier sur Orizaba pour concourir à la défense de la place.

Ce brave régiment avait interprété à sa façon les mots *forces considérables*; il ne jugeait pas qu'une armée de vingt ou trente mille hommes constituât pour lui une masse à sez imposante pour qu'il fallût éviter le combat; au lieu de se retirer à l'approche des juaristes, il se contint pendant la journée du 12; il ne quitta son poste qu'au milieu de la nuit, *sur un ordre formel*, et il arriva dans la ville sans s'être laissé entamer. Il défila vers six heures du matin devant la garnison, dans un ordre parfait, narguant les masses ennemies qui remplissaient déjà la vallée.

Saragoza mit une incroyable lenteur dans ses opérations; il nous laissa libres de tous nos mouvements pendant la journée du 13; de plus, il nous laissa deviner ses intentions quant à l'emplacement de ses batteries; si bien que nous pûmes établir les nôtres de façon à contre-battre efficacement les siennes.

Il est juste de dire pourtant que, malgré cette faute, ce général avait conçu un plan d'attaque très-habile; pendant que son corps d'armée campait devant la place, celui du général Ortega s'emparait d'un pic prodigieusement élevé qui nous dominait au nord ; cette montagne s'appelle le *Cero Borego*; nous avions la conviction qu'il était impossible à l'artillerie d'en gravir les pentes ; mais Ortega avait imaginé de rassembler tous les Indiens d'alentour ; il les avait attelés à ses canons, et il avait ordonné à ces malheureux de traîner ces pièces jusqu'aux crêtes, à travers les précipices ; la peine de mort était décrétée contre tous ceux qui hésiteraient à se rompre le cou au milieu des ravins escarpés qu'il fallait franchir.

Quelques pauvres diables qui refusèrent de se hasarder le long des rampes périlleuses du Borego furent fusillés; cet exemple, qualifié d'énergique par l'ennemi, stigmatisé par nous comme une cruauté atroce, donna de l'impulsion aux travailleurs. Les batteries furent transportées sur le pic au prix de mille fatigues, de beaucoup d'accidents, de sang répandu, de jambes et de bras et reins cassés. Mais il s'agissait de misérables Indiens... et les juaristes se souciaient de la vie d'un Indien comme d'un tampon de fusil.

Toutefois la barbare façon dont les hommes de couleur

furent traités en cette circonstance eut un résultat que l'ennemi n'avait pas prévu et que nous dirons bientôt.

Ortega avait terminé son installation le 13 au soir ; il tenait Orizaba sous les gueules de bronze d'une batterie de mortiers qui allaient foudroyer la garnison sous une pluie de bombes, avec l'écrasante supériorité que peut donner le tir dirigé de haut en bas.

Tous les projectiles ennemis devaient arriver sur nous; pas un des nôtres ne pouvait atteindre le sommet du Borego. Nous allions donc nous trouver sous le feu plongeant d'Ortega, et sous les boulets des dix-huit pièces de Saragoza braquées dans la plaine ; entre deux armées, l'une sur notre tête, l'autre devant nous. Certes la situation était menaçante ; il suffisait aux deux généraux juaristes de défendre leurs batteries et de nous anéantir sous les obus ou la mitraille: c'est ce qu'ils comptaient faire ; franchement la tâche leur était facile.

Et ce qui ajoutait encore pour nous aux dangers que nous courions, c'était la complète ignorance où nous nous trouvions de la présence d'Ortega au-dessus de nous, un peu plus haut que les nuages qui enveloppaient le Borego à mi-côte ; le temps lui-même était pour les juaristes qui se rejouissaient de voir l'atmosphère brumeuse.

Donc tout se mettait contre nous ; notre perte semblait assurée aux chefs ennemis qui nous voyaient anéantis, massacrés comme les pauvres cantiniers du convoi dont on venait de rapporter les dépouilles dans le camp de Saragoza ; ces sanglants trophées d'un facile assassinat avaient excité de sauvages clameurs et un délirant enthousiasme.

— C'est un heureux augure ! dit le général, tranchant de l'antique; — demain ils auront vécu !

Mais à la guerre un fétu de paille sous la roue d'un canon, un grain de poussière dans la cheminée d'une carabine, un rien enfin suffit pour détruire l'effet des meilleures combinaisons. Une pauvre petite femme indienne, poltronne, frêle et chétive, une enfant qui aborda nos soldats à genoux, osant à peine leur parler, changea la face des choses.

Parmi les Indiens requis par Ortega pour ses canons se trouvait le mari de cette Indienne, laquelle tenait à son époux, jeune et beau garçon, qu'on lui rapporta deux heures après avec une jambe cassée.

Elle le confia à ses parents, l'embrassa et partit.

— Où vas-tu ? — lui avait-on demandé.

— Nous venger tous en prévenant les Français, — répondit-elle. — Je veux les guider jusqu'ici pour qu'ils jettent tous ces brigands dans les abîmes du Borego.

Et elle vint à nous.

Ce qu'il lui fallut de ruse, d'audace, d'adresse et de célérité pour gagner nos avant-postes est impossible à dire : elle arriva. On refusait de croire à son récit ; mais elle insista, pleurant, suppliant, conjurant pour qu'on eût foi en ses paroles. A la nuit on envoya une compagnie à la découverte ; c'était la 3ᵉ du 1ᵉʳ bataillon du 99ᵉ, sous les ordres du capitaine Dietrie, qui s'aventura hardiment avec ses soixante hommes le long des pentes de la montagne. La compagnie avançait en silence à travers les ténèbres, rampant plus qu'elle ne marchait, se frayant une route là où jamais sentier n'avait été tracé, escaladant les rocs, s'accrochant aux racines, se suspendant aux lianes, toujours prête à attaquer ou à se défendre. A deux heures du matin, la tête de la colonne était sur le point d'atteindre le sommet du pic, quand en abordant un plateau, elle tomba au milieu de l'artillerie ennemie et d'un millier d'hommes qui la gardaient.

Ici commence une lutte homérique. Les juaristes sont surpris dans leur sommeil ; ils sautent sur leurs armes et commencent une fusillade enragée, tirant au hasard.

Monsieur Dietrie s'élance sur les soldats avec la poignée de soldats qu'il dirige sur la batterie qu'on aperçoit dans l'ombre ; il s'en empare pendant que nos ennemis font un feu violent les uns sur les autres. Le capitaine profite de la confusion des bataillons ennemis, il fond sur eux tête baissée, les culbute et les jette hors du plateau. Les fuyards gagnent la crête supérieure et y trouvent leurs réserves.

Le général Ortega, qui avait laissé trois mille hommes dans la plaine, disposait de deux mille à opposer immédiatement à ces soixante hommes. Il rallie son monde sur le pic, d'où il domine la position que viennent de conquérir les Français ; il veut lancer ses troupes contre eux ; les soldats effrayés refusent de marcher ; ils s'étaient battus entre eux, ils croyaient avoir eu affaire à des forces considérables ; ils voulaient attendre le jour avant de recommencer la lutte, afin de compter leurs adversaires.

Le capitaine Dietrie occupait un excellent poste ; il comptait sur un prochain renfort ; il résolut de rester à tout prix où il était. Il réorganisa sa compagnie. Son lieutenant, monsieur Sombret, son sergent-major Gat, son fourrier Croz, et le quart de ses hommes avaient été atteints par les balles ou la mitraille des trois obusiers dont on s'était rendus maître ; mais ces blessés n'étaient pas tous hors de combat ; ils voulurent faire tête à l'ennemi, qui appuyé contre une pierre, qui se soutenant sur un genou.

Tout le monde était en ligne, quand les tirailleurs juaristes, n'osant charger, ouvrirent la fusillade ; la compagnie riposta avec une vigueur telle qu'elle maintint son front de combat jusqu'à trois heures du matin.

En ce moment, la 2ᵉ compagnie du 1ᵉʳ bataillon, capitaine Leclère, débouchait sur le plateau ; on avait entendu de la plaine la fusillade de l'ennemi, mais on ne le croyait pas aussi nombreux, et l'on n'envoyait que soixante-cinq hommes de soutien.

Déduction faite des blessés qui ne pouvaient charger, ce renfort donnait cent-dix hommes contre les deux mille fantassins d'Ortega. Cependant les deux capitaines Dietrie et Leclerc eurent l'audace de se décider à attaquer en profitant de l'obscurité qui régnait encore.

A trois heures et demie, leur petite colonne se jeta subitement et en silence sur les masses ennemies avec une impétuosité terrible ; elle fit sa trouée au plus épais des bataillons, puis chacun se prit corps à corps avec les adversaires qu'il rencontra devant lui.

A partir de cet instant, la mêlée devint indescriptible, les épisodes se succédèrent rapides et multipliés ; chaque soldat se battait avec une rage indicible ; chaque homme fut un héros.

Jamais baïonnettes ne firent plus sanglante hécatombe !

Les juaristes crurent comme la première fois avoir une brigade entière devant eux ; ils perdirent la tête. Les quelques blessés restés en arrière faisaient le plus de bruit possible pour simuler l'existence d'une réserve ; les officiers criaient des ordres à des compagnies imaginaires ; les soldats répondaient par des hourras, courant d'un bout à l'autre du champ de bataille sur les points où leurs adversaires se ralliaient, paraissant en cinq minutes à dix endroits différents, se multipliant de façon à occuper la place d'une armée et à en faire la besogne.

Enfin l'ennemi plie de toutes parts ; un ruse de guerre achève sa déroute. Un officier, monsieur Dietrie, croyons-nous, appelle d'une voix forte des troupes de toutes armes ; énumérant des corps nombreux, il fait mine d'organiser une ligne de bataille.

— Les chasseurs au centre ! — crie-t-il, — les zouaves à gauche pour tourner la position ! les fusiliers marins à droite ! Tout le monde en avant à la baïonnette !

Cette voix qui domine la mêlée est entendue des chefs ennemis qui comprennent le français ; ils se découragent et cessent de retenir leurs bataillons qui se sauvent à toutes jambes ; mais en courant, ils se heurtent et s'entre-tuent de toutes parts pour se frayer passage, et ils arrivent au bord d'un ravin en proie à une panique nouée. Nos soldats les poursuivent ; cinq ou six cents juaristes se trouvent entre des berges à pics et les terribles baïonnettes des Français ; la moitié fait le saut périlleux, le reste se rend. Le *Borego* est balayé de la cime à la base; le soleil se lève et il éclaire une scène splendide. Dans la plaine un millier d'hommes fuyant et déterminant la retraite de trois mille autres combattants! Sur les crêtes cent quarante hommes entourant trois canons sont debout au milieu de trois cents cadavres et tiennent en joue deux cents prisonniers qui n'osent bouger. Puis, sur l'aiguille la plus élevée du pic, un étendard et trois fanions déroulent leurs plis soyeux au souffle de la brise, trophées immortels d'un triomphe impossible! Les tambours battaient la diane, saluant le soleil d'une aubade joyeuse dont les roulements sonores ébranlaient les échos de la montagne !

En un clin d'œil la garnison fut debout dans la ville ; une immense clameur monta jusqu'à cette poignée de braves, leur portant l'admiration d'une armée !

BOMBARDEMENT D'ORIZABA.

Un duel à la façon des héros du Tasse. — Cortez et Dietric. Le sabre du capitaine Leclère. — Comment Saragosa espérait réveiller les morts à coups de canons. — D'une volée de boulets qui fit bon effet. — Nos canoniers à leurs pièces. — Une idée du général Douay. — Une éclipse qu'on n'attendait pas. — D'un mystérieux personnage. — Le vengeur. — L'homme signal.

Lorsque l'on connut dans Orizaba l'importance du combat livré pendant la nuit, l'émotion fut grande ; l'on envoya de suite des secours aux blessés et une escorte pour amener les prisonniers.

Quelques heures après, un convoi descendait dans la ville ; il se composait des hommes que l'on avait enlevés à Ortega : les brancards portant ceux de nos soldats gravement atteints marchaient en tête; celui de monsieur Dietrie précédait les autres de quelque dix pas.

Ce vaillant officier était criblé de blessures, dont une fort dangereuse ; sa tunique était littéralement hachée par les balles ; son revolver avait été brisé en deux endroits. Un général et deux colonels se trouvaient derrière le brancard du capitaine français ; un autre colonel marchait à côté.

Celui-ci appartenait à l'artillerie ; il avait saisi monsieur Dietrie pendant un engagement corps à corps et lui avait crié : Rendez-vous ! Il était persuadé que l'officier français était son prisonnier ; monsieur Dietrie, convaincu de son côté qu'il capturait le chef de la batterie ennemie, lui répondit : Rendez-vous vous-même !

En pareil cas, une lutte seule peut mettre fin au malentendu ; le sabre du capitaine en décida. Monsieur Leclère, de son côté, eut aussi un duel au milieu de la mêlée ; il se heurta contre un commandant qui fut tué et son cor retrouva le corps percé de part en part.

Du reste, ces combats isolés qui rappellent les scènes de la *Jérusalem délivrée* furent nombreux dans cette nuit d'héroïsme ; il n'est pas un chef, pas un soldat qui n'ait eu à se dégager d'un groupe au milieu duquel il tombait à l'improviste.

Nous croyons que les plus merveilleuses batailles de Fernand Cortez ne sauraient éclipser celle du Cero-Borego ; le *conquérant* avait en face de lui des Indiens armés de flèches et terrifiés par la vue des chevaux ; les cent hommes du 99ᵉ avaient à culbuter une armée régulière munie d'armes à feu et protégée par des canons.

La postérité comparera et jugera.

Pendant que les capitaines Dietric et Leclère jetaient les bataillons d'Ortega du haut en bas de la montagne, les troupes de Saragoza creusaient une vaste tranchée à un kilomètre d'Orizaba. Nous constaterons avec impartialité que le général juariste avait admirablement choisi l'emplacement de cette parallèle ; elle partait du Rio-Blanco et aboutissait à un grand fossé de culture qui prolongeait au loin ce retranchement. En cas de sortie, nos troupes devaient donc se heurter contre cette ligne fortifiée qui abritaient les assiégeants.

Nous avons raconté comment les juaristes établis en ace de nous dans la plaine comptaient sur ceux qui nous dominaient du haut du Borego pour nous foudroyer.

Saragoza établit le long de sa tranchée vingt pièces réparties en plusieurs batteries assez bien épaulées; il était convenu entre Ortega et lui qu'il donnerait le signal du feu. Donc, à l'aube, au moment précis où le 99ᵉ balayait les crêtes du Borego, les artilleurs de la vallée envoyaient un obus sur la garnison. Saragoza, à cheval, entouré de son état-major, toutes ses troupes étant à leur poste, attendit pendant cinq minutes, espérant voir le pic s'illuminer et tonner contre nous comme un volcan.

Mais les mortiers d'Ortega étaient désormais en notre pouvoir ; ils n'avaient garde de bombarder la ville.

Nos soldats riaient de la mine piteuse que devait faire Saragoza.

— Il cherche à réveiller des morts au son du canon, — disaient-ils en faisant allusion aux cadavres qui jonchaient les pentes de la montagne.

Saragoza, ignorant encore la défaite de son collègue, pensa que son signal n'avait pas été compris. Il fit tirer une salve par toutes ses pièces à la fois, même silence sur la montagne.

Les soldats juaristes avaient monté sur leurs parapets ; ils interrogeaient anxieusement les cimes du Borego ; ne s'expliquant pas le calme qui régnait partout, ils supposèrent que nous avions évacué la ville et que la seconde armée nous poursuivait. Ils poussèrent de joyeux hourras. Ce fut l'instant que saisirent nos artilleurs pour lancer leur première volée ; en décrire l'effet est chose assez difficile : les gens de Saragoza, coupés par les boulets, dégringolèrent au fond des fossés. Les acclamations cessèrent; pas un fantassin n'osa montrer sa tête à partir de cet instant.

Et les zouaves, ces railleurs impitoyables, de pousser un éclat de rire qui dut sonner lugubrement aux oreilles de l'ennemi.

Saragoza ranima pourtant le courage de ses artilleurs et le feu recommença ; mais quoique nos batteries fussent mal couvertes encore, elles répondirent vigoureusement.

Les zouaves et le 99ᵉ travaillaient audacieusement à consolider les épaulements; accoutumés à se garer des projectiles en Crimée, ils savaient admirablement éviter les décharges de l'ennemi, et ils furent longtemps à découvert sans subir de pertes. Les officiers ennemis, qui ne voyaient tomber personne, avouèrent plus tard qu'ils étaient exaspérés du peu de succès de leur tir.

Nous sûmes, du reste, improviser des ressources auxquelles on n'avait jamais pensé avant nous ; notre supériorité se manifestait par mille petits détails qui assurent la perfection des services.

Le général Douay avait imaginé de remplacer les sacs à terre par des balles de coton ; les obus ne pouvaient entamer cette défense.

Un aspirant de marine, monsieur Venans, avait une section d'obusiers de montagne ; il se trouvait presque à découvert. Les assiégeants, espérant démonter ces pièces et en avoir bon marché, s'acharnèrent sur elles. Mais le jeune officier, surveillant le pointage et le rectifiant souvent imprima une telle activité à ses matelots servants qu'il endommagea les embrasures placées devant lui et obtint assez de répit pour que les travailleurs pussent enfin finir leur besogne. Vers onze heures les servants étaient abrités.

Bientôt après le commencement du feu, un cavalier

avait apporté à Saragoza la nouvelle du désastre infligé à Ortega ; il comprit alors pourquoi le Borego restait muet.

A deux heures, les trois obusiers enlevés par le 99ᵉ étaient mis en ligne à leur tour par le capitaine Bonnet, et envoyaient à l'ennemi des projectiles que celui-ci nous destinait.

La journée se passa sans que l'assiégeant eût obtenu de résultats satisfaisants ; il n'osa donner l'assaut.

Nous comptions le lendemain marcher sur ses canons et nous en emparer ; nous nous reposâmes toute la nuit avec l'espérance d'infliger, au matin, une sanglante défaite à l'ennemi ; mais, au jour, on chercha en vain l'armée assiégeante : elle avait disparu.

Les cavaliers d'Ortega, arrivés au camp de Saragoza, avaient raconté le combat du Borego ; le récit de cet exploit presque fabuleux avait produit sur les soldats juaristes une impression telle qu'ils avaient jugé sage de mettre une distance respectable, environ dix lieues, entre leurs poitrines et nos baïonnettes. La prudence, après tout, est la mère nourrice de la sécurité ; quand on ne se croit pas les plus forts, on doit se sauver ; cet axiome, si connu et si pratiqué, n'est pourtant pas du goût des Français ; aussi n'avons-nous jamais passé pour des gens prudents.

La garnison poussa une longue clameur d'ironie et de défi quand elle aperçut les derniers escadrons qui fuyaient ; elle ne pouvait croire que des milliers d'hommes reculaient sans combattre devant une poignée de soldats. Nos cris eurent pour résultat d'imprimer une allure plus vive à la course des cavaliers ennemis.

Les zouaves, toujours farceurs, avaient donné un sobriquet à Saragoza ; il l'appelaient le général *la Lune* parce qu'il *s'éclipsait souvent* avec son armée.

La garnison détruisit les parallèles établies par Saragoza ; deux forts furent construits au sommet du Borego ; le système de défense fut complété et notre colonne fut désormais certaine de braver impunément toutes les forces ennemies.

Dans sa retraite, Saragoza fut inquiété par ce mystérieux chef de partisans dont on ne connut jamais le nom, et qui opéra isolément contre les juaristes sans jamais se faire connaître de nos états-majors. A la tête de dix Indiens, cavaliers intrépides, il tombait sur les postes isolés, les taillait en pièces, dédaignait tout butin et se contentait d'enlever non pas les *scalpo*, comme on l'a dit, mais des chevelures, ce qui était moins barbare, aux morts qu'il faisait.

Les Indiens l'avaient surnommé le *Vengeur*.

Cependant ce singulier personnage, malgré sa popularité, ne chercha jamais à se créer des partisans ou à nous offrir ses services. Il sauva quelques soldats français ; leur parla purement notre langue, mais refusa de leur expliquer ses vues et de se nommer.

Plusieurs fois il fut désigné à nos avant-gardes par les guides ; tantôt il nous précédait, tantôt il nous suivait sur le flanc à longue distance. On envoya des éclaireurs vers lui, il disparut chaque fois et en un clin d'œil.

Sa présence annonçait toujours celle de l'ennemi ; les zouaves, en raison de ces faits, l'avait appelé *le Signal*.

Nous avons recueilli quelques anecdotes authentiques sur cette bizarre individualité, nous les publierons plus tard.

LES ENFANTS PERDUS.

Les forts de sûreté. — Une armée de cantinières. — La musique des Mexicains. — La compagnie d'enfants perdus ; de rudes lapins. — Les braconniers ; quel gibier ils prenaient. — Ruse d'un vieux sergent d'Afrique. — La rosée malfaisante. — Grâce pour nos chats ; nous nous chargeons des rats. — Le fabricant de pipes.

Après la retraite de Saragoza, le général Lorencez prit ses dispositions pour assurer la marche des convois entre Orizaba et la Vera-Cruz. Il fit donc établir des redoutes sur les principaux points stratégiques du chemin qui réunit les deux cités ; il fit garder ces petits forts partie par les troupes alliées du général Marquez, partie par le 99ᵉ de ligne.

Nos alliés mexicains s'installèrent dans les forts ; leurs femmes, presque tous les soldats sont mariés, suivirent leurs époux. Rien de plus bizarre alors qu'une cohorte mexicaine, à quelque parti qu'elle appartînt. Depuis, tout a changé et l'armée a pris un grand cachet de régularité ; mais à cette époque l'organisation était singulière. Les femmes accompagnaient leurs maris sous les drapeaux, faisaient leur cuisine, campaient avec eux ; un régiment d'hommes était doublé d'un régiment de cantinières. Les enfants, et ils étaient nombreux, grand Dieu, faisaient la musique. Ils jouaient du fifre, du tambour, des timbales, du clairon ; chacun un air. Plus la cacophonie était complète, mieux le pas était enlevé.

Quant à la discipline, à l'armement, aux manœuvres, nous renonçons à en donner une idée ; toutefois, à part les femmes qu'il fallut garder, nous parvînmes à réformer bien des abus dans les escadrons de Marquez, qui devinrent de solides compagnons pour nous et firent bonne garde dans les redoutes.

Grâces aux précautions prises, on put diriger un bataillon sur les terres chaudes avec ordre de ramener des vivres et des munitions ; la poudre arriva, mais le bataillon avait été si longtemps en route, que le biscuit qu'il apportait était épuisé.

On n'imagine pas combien de fatigues et de souffrances les escortes de convois enduraient. Il fallait fournir des journées de quinze heures pour parcourir dix kilomètres sur des routes défoncées par les pluies, dans lesquelles les voitures enfonçaient jusqu'à l'essieu.

— Mon général, — disait un zouave à monsieur de Lorencez, — ce ne sont pas les mulets qui ont amené les munitions ; nous avons apporté à bout de bras, de Vera-Cruz ici, les charrettes et les attelages.

C'était rigoureusement vrai.

A chaque instant, trente hommes se plaçaient dessous ou sur les côtés d'un char, et le soulevaient après l'avoir préalablement débarrassé de ce qu'il contenait.

Dix pas plus loin, il fallait recommencer. La marche était entravée aussi par les guérillas qui harcelaient sans cesse nos escortes et multipliaient les obstacles.

La garnison d'Orizaba n'avait que du pain de maïs et encore était-elle à la demi-ration, ce qui équivalait au quart de ration du pain français.

Le général Lorencez craignait un retour offensif de l'ennemi ; il ne pouvait plus affaiblir la garnison en plaçant un corps d'observation au défilé d'Ingenio, et cependant il était nécessaire de se garantir des surprises.

Le général organisa une compagnie d'enfants perdus qui chaque nuit devait sortir de la cité et s'établir en embuscade devant les portes. C'était un service éminemment périlleux et très-pénible.

La rosée de la nuit est glaciale dans ces contrées ; et si les poëtes parlent souvent de la rosée bienfaisante, l'épithète est inapplicable à celle du Mexique.

Les enfants perdus étaient des hommes déterminés, au corps de fer, au cœur de bronze ; ils passèrent, pendant de longs mois, toutes les nuits, ayant de l'eau jusqu'à la ceinture, au milieu des marais, guettant l'ennemi, surprenant les espions, repoussant les partis de cavalerie, ne faiblissant jamais.

Cette élite de l'armée était composée de tels hommes que pas un *enfant perdu* n'entra pour cause de maladie aux ambulances (sauf les plaies causées par les accidents).

Les Indiens ne comprenaient pas comment ces soldats résistaient à de pareilles épreuves ; ils s'étonnaient surtout de voir la garnison si bien gardée. Quand, avant l'aube, les paysans des villages voisins de la ville, venaient y apporter quelques marchandises, ils se heurtaient toujours contre quelques sentinelles invisibles.

Tantôt un factionnaire surgissait d'un ruisseau, tantôt il sautait d'un arbre sur le sol, plus d'un se tenait dans des trous.

— Les Français, — disaient les Indiens, — sont à la fois des oiseaux qui perchent sur les branches, des caïmans qui nagent dans les lacs, des renards qui vivent dans des terriers, et par-dessus le marché, Dieu leur a donné des griffes de lion et des jambes d'alpaga.

Quoiqu'il arrive, nous aurons laissé à cette population une haute idée de la valeur française.

Les enfants perdus se rendirent célèbres par de bons tours joués à l'ennemi ; ils usèrent une nuit d'un bon stratagème pour prouver la culpabilité des juaristes d'un bourg voisin d'Orizaba. Quelques hommes appartenant à la légion étrangère avaient quitté nos drapeaux ; les enfants perdus affirmaient depuis longtemps que les métis d'un bourg favorisaient les désertions et ils demandaient au général Lorencez la permission de châtier ces courtiers d'enrôlements.

Le général hésitait, les faits ne lui semblaient pas suffisamment prouvés.

Un sergent de zouaves imagina une ruse ; il cerna sans bruit le bourg avec une section d'enfants perdus, puis il ordonna à deux caporaux de se présenter comme déserteurs aux habitants.

Ceux-ci accueillirent les Français avec des démonstrations de joie, les déguisèrent en Mexicains et les dirigèrent vers Puebla ; mais un poste placé d'avance sur la route arrêta les prétendus déserteurs et leurs guides ; puis, à un coup de feu, toute la section pénétra dans le bourg et s'empara des principaux métis comme ôtages.

Le procès fut fait, une amende fut infligée aux coupables, puis tout fut dit. En pareil cas, le village eût été rasé, pillé, brûlé, anéanti par les juaristes. Les enfants perdus rendirent d'immenses services ; ils ont droit à la reconnaissance de la patrie ; ceux de Crimée n'ont pas plus souffert qu'eux.

Les trois mois qui suivirent le bombardement d'Orizaba furent très-pénibles pour la garnison ; les vivres manquaient. La nécessité est mère de l'industrie ; nos soldats firent flèche de tout bois : ils chassèrent tous les gibiers de la ville et de la campagne ; tous les serpents des champs voisins furent exterminés. Les iguanes, espèces de petits caïmans ou de gros lézards, comme on voudra, fournirent une précieuse et succulente nourriture. Les chevaux et les mulets tués aux juaristes formaient aussi des plats d'extra délicieux.

Les enfants perdus, qui aimaient la bombance et trouvaient la chair des *mustangs* (coursiers) savoureuse, tendirent des pièges aux éclaireurs de Saragoza, lesquels rôdaient sans cesse aux alentours de la ville. Nos soldats creusaient des fosses profondes en travers des sentiers et des passages, ils recouvraient ces trous de branchages et de terre ; puis ils attendaient la nuit.

Les batteurs d'estrade s'avançaient sur la légère couche de terre qui s'effondrait sous leur poids ; le cheval se cassait ordinairement une jambe. Le cavalier se tirait d'affaire, mais il était obligé d'abandonner sa monture.

Au jour les enfants perdus allaient visiter leurs pièges comme font les braconniers émérites ; ils rapportaient leurs prises par quartiers après les avoir dépecées.

Singulières venaisons !

Au début, la chasse aux chats, organisée sur une vaste échelle, fit le désespoir des bonnes femmes de la ville, qui tenaient à leurs *matous*.

On porta plainte aux chefs français.

— Si vos zouaves tuent nos chats, — dit l'orateur de la députation, — les rats nous dévoreront bientôt.

— Pour cela, rassurez-vous, — dit un colonel ; — dans un mois vous n'aurez pas une souris dans vos greniers.

— Pourquoi ? — demanda la députation.

— Parce que les soldats les auront mangées !

Et de fait, dans ces derniers temps, une souris valait six sous ; encore n'en avait pas qui voulait.

Non-seulement les vivres faisaient défaut, mais on manquait de mille petits objets nécessaires à la vie du soldat.

Les pipes, par exemple, inconnues au Mexique, l'on n'y fume que la cigarette, valaient jusqu'à deux francs. Un zouave, ayant trouvé une terre convenable aux environs du Rio-Blanco, fabriqua un four et des *bouffardes* excellentes.

Il abaissa le taux de sa marchandise à cinquante centimes pièce.

Plus tard, il obtint son congé : c'était vers le moment du second siège de Puebla. Il s'établit fabricant de pipes ; associé à un Anglais de la Vera-Cruz, il fournit notre corps expéditionnaire, faisant une rude concurrence aux marchands qui tirent leurs pipes de New-York.

Ces deux industriels sont en train de réaliser une fortune superbe.

Ce n'est pas là, du reste, la seule preuve qu'une bonne idée bien exploitée est un trésor ; nous en donnerons d'autres exemples dans le cours de ce récit.

COMBAT DE CAMARONE.

Les cavaliers du colonel Milan. — Un partisan hardi. — Trois millions à piller. — Du courage au poids. — A travers champs. — Un coup d'audace. — Une mort immortelle. — Exterminés !

La garnison d'Orizaba attendit les renforts avec une stoïque résignation ; peu à peu les régiments envoyés d'Afrique débarquèrent à la Véra-Cruz et furent dirigés vers l'intérieur. La légion étrangère, qui arriva l'une des premières, fut employée à renforcer ces postes disséminés entre notre port de débarquement et Orizaba : elle facilita le service de protection des convois. Une de ses compagnies se signala par une lutte héroïque qui rappelle les plus beaux temps de la Grèce et de Rome. On peut fouiller les annales de tous les peuples, on n'y trouvera pas un plus beau fait d'armes. Quelques centaines d'hommes de la légion étaient établis au *Chiquihiate*, défilé important. Souvent des compagnies partant de ce point, rayonnaient autour de la redoute pour fouiller le pays et le purger des guérillas qui l'infestaient.

Le 30 avril, une compagnie de soixante hommes capitaine Danjou, se portait sur Palo-Verde, bourg distant de six lieues.

Ce détachement, parti un peu après minuit, devait arriver à destination avant l'aurore ; il avait mission de s'assurer qu'aucune bande n'occupait la route, car ce jour-là on attendait un convoi d'argent considérable : trois millions de francs environ.

Jusqu'à Palo-Verde, on ne rencontra pas un seul juariste ; le capitaine Danjou fit mettre sac à terre et ordonna à son monde de préparer le café. L'aube commençait à poindre.

Bientôt les feux flamblèrent, les soldats s'assirent autour des marmites et préparèrent le café du matin ; chacun se chauffait en cassant son biscuit dans son petit gamelon. On devisait joyeusement en serrant de près les foyers, car la brise était fraîche.

Soudain le cri : aux armes ! retentit. En un instant tous sont sur pied : le café bouillant est renversé, les sacs sont bouclés, et la compagnie se range en bataille.

Six cents cavaliers débouchaient des rues de Palo-Verde, en face duquel nous étions établis.

La situation était grave. Notre poignée d'hommes avait dix lieues à faire sous le feu et les charges d'une cavalerie dix fois supérieure en nombre ; la compagnie se mit en défense, les deux parties s'observèrent.

Les guérillas qui étaient en vue obéissaient à un partisan hardi, le colonel Milan ; c'était un homme de guerre habile, rusé, fertile en ressources et en expédients, qui maniait admirablement ses cavaliers. Il avait appris qu'un courrier chargé de piastres d'or était dirigé sur Orizaba, et il avait conçu le plan de l'enlever. Plusieurs escadrons, appelés par lui, furent concentrés à une petite distance d'un poste français, auquel il sut cacher la présence de ses troupes avec une rare adresse.

Pas un Indien n'avait pu pénétrer jusqu'à nos camps pour nous annoncer la présence de ce corps nombreux.

Milan inspirait une grande confiance à ses soldats ; il avait galvanisé sa troupe en exagérant l'importance du butin à recueillir ; du reste il était homme à entraîner son monde par l'exemple de son audace, et sa troupe se composait des brigands les plus déterminés de tout l'empire.

Ces bandits de profession, habitués à braver le péril quand il s'agissait de piller, n'étaient point, il est vrai, des militaires intrépides, mais ils avaient cette détermination des coupes-jarrets émérites qui sont exaltés par l'espérance d'une prise énorme.

Le courage de ces sortes de gens peut s'évaluer au poids de l'or.

Les juaristes manœuvrèrent pour se porter contre notre petite compagnie qu'ils voulaient exterminer, afin d'avoir le champ libre pour s'emparer du convoi attendu ; mais les légionnaires se jetèrent au milieu des broussailles qui s'étendaient à droite de la route ; ils se couvrirent d'une arrière-garde de quelques tirailleurs adroits, et ils battirent en retraite à travers champs.

C'était une excellente manœuvre.

Milan essaya en vain de se lancer contre la compagnie ; les chevaux se heurtaient aux buissons que nos fantassins tournaient facilement ; de plus le feu de nos tireurs fit éprouver des pertes à l'ennemi, et on le vit disparaître avec l'intention évidente de nous couper la retraite un peu plus loin en s'emparant d'un des villages que nous devions traverser.

La colonne française se dirigea sur Tamasonné sans être inquiétée ; elle s'attendait à trouver le village occupé, mais le détour qu'avait dû prendre Milan ne lui avait pas permis de nous devancer : il parut sur notre droite au moment où nous atteignions les maisons.

Le capitaine Danjou, espérant intimider l'ennemi et se dégager par un acte d'énergie, marcha contre les guérillas.

Malheureusement les juaristes étaient des hommes aguerris : ils se replièrent d'abord, laissant les Français s'éloigner du bourg ; quand ils jugèrent suffisante la distance qui séparait notre colonne des maisons, ils firent volte-face, enveloppèrent la compagnie, lui coupant toute retraite, puis ils s'abattirent sur elle tous ensemble en poussant des cris sauvages.

Six cents cavaliers forment un fort régiment, et chacun a pu juger de l'espace que couvre un régiment de cavalerie ; c'est une masse énorme d'hommes et de chevaux.

Nos légionnaires s'étaient froidement formés en cercle ; pour les petites troupes, ce mode de défense est préférable au carré ; les guérillas furent reçus par un feu nourri et bien dirigé ; ils s'arrêtèrent à vingt pas des baïonnettes.

Milan voulut enfoncer le cercle avec un groupe d'élite ; mais les chevaux, piqués aux naseaux, se cabrèrent et renversèrent leurs cavaliers.

Les escadrons se replièrent.

Le capitaine Danjou profita de ce premier succès pour escalader avec sa colonne un talus dominant la route ; puis il se lança sur le village, dispersant et chassant devant lui, dans les rues, les pelotons désorganisés qui s'opposaient à sa marche ; il gagna ainsi une sorte de ferme que l'on voyait encore dans l'état où la lutte l'avait réduite. Voici, en deux mots, le plan de cette construction qu'il faut connaître pour comprendre les péripéties du drame qui va se dérouler.

Que l'on s'imagine une cour parfaitement carrée, chaque côté ayant soixante-trois mètres de long, un mur formant trois faces, un bâtiment formant la quatrième face.

La compagnie entra par la porte principale du bâtiment et s'en empara ; Milan, avec cent hommes qu'il avait rallié et qu'il avait fait mettre à pied, pénétra en même temps dans la ferme par une petite porte basse à l'extrémité de l'aile droite. Par bonheur cette aile ne communiquait avec la cour que par une fenêtre, tandis que la partie occupée par nous avait deux entrées sur cette cour ; si bien que nous pûmes y descendre, ce qui fut impossible à l'ennemi. Nos soldats se fractionnèrent en différents postes qui s'établirent aux entrées de chaque face et les défendirent ; une partie monta sur les toits. Comme par une convention tacite, le feu était resté suspendu pendant ces préparatifs ; chacun s'occupait de s'installer dans les parties de la ferme où il avait réussi à pénétrer.

L'ennemi laissa ses meilleurs tireurs à la fenêtre de l'unique chambre de leur aile qui eût vue sur la cour ; ces hommes avaient mission de décimer les défenseurs des portes. Mais ceux-ci dirigèrent une fusillade si juste et si nourrie contre cette fenêtre, que les juaristes n'osèrent s'y montrer ! ils tiraient d'une main peu sûre de l'intérieur de la chambre.

Les cavaliers qui avaient quitté leurs chevaux entouraient la ferme de toutes parts, et ils l'attaquèrent avec rage après une sommation qui fut repoussée.

L'espace à défendre était si grand que les assaillants purent sans peine couronner les murs sur les points mal gardés ; de là ils déchargeaient leurs armes sur nous.

On courait à eux et on les repoussait, mais ils réapparaissaient ailleurs. Bientôt nous eûmes des blessés et des morts, le capitaine Danjou fut tué presque au début.

Le lieutenant Vilain prit le commandement. La défense continua avec une grande énergie sous cet officier, doué d'une bouillante valeur ; il courut à chaque groupe, et à ses hommes grisés déjà par les ardeurs de la lutte et l'odeur de la poudre, il fit jurer de s'immortaliser par une mort sublime.

Cet appel à l'héroïsme fut entendu.

A cette époque, tous les régiments du corps expéditionnaire étaient saisis d'une fièvre d'émulation ; la gloire du 99e de ligne, dont trois compagnies avaient étonné le monde par le fabuleux combat de Cero-Borego, excitait l'envie de toute l'armée ; un ardent désir de se signaler brûlait dans les cœurs.

Les courages étaient montés à un degré surhumain.

— Les lauriers du 99e empêchent tous mes autres bataillons de dormir, — disait souvent le général Lorencez.

Et cette soif d'honneur fit accomplir des prodiges.

Jusqu'à midi les hommes de Milan furent maintenus à bonne distance ; malgré leur énorme supériorité ; ils n'osent donner l'assaut. Tout à coup le tambour bat ; les légionnaires croient à l'arrivée d'un secours ; ils voient près de trois bataillons ennemis déboucher des rues devant la ferme.

Rien de plus dangereux pour le moral d'une troupe que la désillusion ; cependant les assiégés ne se laissent pas abattre, ils saluent ironiquement les forces nouvelles de l'ennemi par des hourras de défi. A partir de ce moment, la lutte prendra un singulier caractère de grandeur.

Les juaristes, piqués par les appels insolents des nôtres se lancent contre la ferme ; ils reçoivent à vingt, puis à dix pas, deux décharges sous lesquelles ils s'arrêtent, tourbillonnent et s'enfuient. Cinquante cadavres jonchent le sol ; une clameur de triomphe salue la déroute des assiégeants.

Un légionnaire aperçoit un officier juariste qui se relève ; il court à lui, lui enlève ses armes et sa coiffure, puis il rentre auprès de ses camarades, qui le couvrent de bravos.

Le large chapeau du capitaine ennemi est planté sur le toit en signe de dérision. Milan, malgré ces échecs, s'acharne contre cette *bicoque* si bien défendue ; il ranime le courage des fantassins, il les ramène au feu.

Deux brèches sont ouvertes à coups de pioche ; une dans un mur de la cour ; l'autre, qui élargit la fenêtre de la chambre occupée par les juaristes ; ceux-ci nous criblent alors facilement par ces deux ouvertures.

La compagnie tient bon ; mais, en trois heures elle perd son lieutenant et les deux tiers de son effectif.

Milan juge enfin que l'heure d'en finir est venue. Il forme ses bataillons en colonnes, mais l'infanterie refuse d'avancer ; les baïonnettes des quelques survivants étincellent de chaque côté des brèches, et les juaristes redoutent ces armes si terribles en nos mains.

Milan fait alors entasser de la paille devant la ferme et y met le feu. La fumée nous aveugle ; notre tir devient incertain. Nous perdons encore une dizaine d'hommes. Le colonel ennemi, qui nous sait aux abois, essaye de nous intimider ; il nous dénombre ses forces et offre quartier. Monsieur Mandet, un officier volontaire qui s'était joint en amateur à la reconnaissance, lui répond en arborant un drapeau noir formé d'un lambeau de tunique.

Milan fait alors défiler ses troupes devant les brèches, leur montre la compagnie exterminée, les blessés et les morts encombrant la cour ; le peu de Français survivants exténués par la chaleur, la faim, la fatigue et la soif ; il harangue ses compagnies, demande les plus braves pour former les têtes de colonne ; il donne à ses cavaliers démontés la mission d'entraîner les fantassins hésitants, puis enfin lui même se jette en avant.

Les légionnaires usent leurs dernières cartouches, repoussent la première colonne à l'arme blanche ; mais de toutes parts les murs sont envahis, et, dans une mêlée à l'arme blanche, presque tous les légionnaires périssent, broyés par la masse qui les étreint. Monsieur Mandet et sept hommes se jettent dans un hangar, s'y barricadent ; pendant dix minutes, cette escouade tient toutes les forces ennemies en échec... Enfin la dernière amorce est brûlée...

Alors monsieur Mandet et ses hommes démolissent la barricade et tombent, la baïonnette en avant, sur les troupes qui remplissaient la cour ; ils essuient une décharge épouvantable et sont achevés à coups de sabre.

Un soldat avait reçu vingt-huit balles.

Le dernier qui tomba fut monsieur Mandet, blessé à mort.

Aors, pour employer la magnifique expression d'un poète :

...Le combat cessa, faute de combattants.

Cinq cent douze Mexicains jonchaient le sol, morts ou mourants. Quant à la compagnie française, elle avait vécu ; mais son souvenir ne périra jamais!

MARCHE DU 1er ZOUAVES.

Une mer de boue. — Les pluies tropicales. — Le feu dans l'eau. — Les sybarites au bivac. — Comment les zouaves du 1er firent déguerpir les bandes. — La galerie d'Apollon au naturel : le serpent Python en grillades. — Un épisode du déluge ; trois cents hommes bloqués par les flots.

Après la légion étrangère, dont nous avons raconté le brillant fait d'armes, le premier renfort qui débarqua à la Vera-Cruz fut le 1er régiment de zouaves, les deux bataillons dont il se composait furent immédiatement dirigés sur Orizaba. Le gouverneur de Vera-Cruz rassembla un grand convoi de vivres et le plaça sous l'escorte de la colonne ; mais l'on se trouvait au milieu de la saison des pluies, et il fallut une grande énergie aux zouaves pour conduire les voitures hors des terres chaudes. Pendant les quinze jours que dura le trajet, il ne cessa de pleuvoir, et un chasseur d'Afrique du peloton d'éclaireurs, en arrivant à Orizaba, disait sans exagération :

— Nous n'avons pas marché, nous avons nagé de la Vera-Cruz ici.

Quant aux zouaves, ils ne désignent jamais leur voyage dans les *terras calientes* (terres chaudes) autrement que par ces mots : Notre *traversée* de la Vera-Cruz à Camarone.

Enfin le proverbe indien est plus significatif encore : « Entre la côte et les montagnes, tu trouves une mer, — dit-il ; — mais c'est une mer de boue que tu dois traverser sans bateau. »

Le plus violent de nos orages ne peut donner une idée des averses diluviennes qui se succèdent presque sans interruption dans ces affreux *mois humides*. Toutes les comparaisons sont insuffisantes, sauf peut-être cette image d'un historien espagnol : « La terre ! le ciel ! et entre eux un océan dont les vagues sont balayées par le vent ! »

Il est des instants où l'on ne peut respirer.

Un jour, les zouaves durent atteler soixante mules à un seul fourgon ! A chaque instant, tout se brisait, et il fallait le réparer sans outils sous les torrents qui descendaient en cascades sur les épaules des travailleurs. Jamais les Français ne déployèrent plus d'ingéniosité que dans cette marche. S'il eût fallu coucher sur le sol détrempé, sans abri, sans feu, la moitié du régiment aurait péri ; mais on parvenait à passer des nuits supportables. Les *arrieros* étaient stupéfaits de notre manière d'être et de nos façons d'agir ; car jamais, avant nous, troupe en marche n'avait réussi à établir un camp en pareil cas.

Voici comment on s'y prenait :

On choisissait la pente déclive d'une montagne pour établir le bivac ; le vent était moins fort, la pluie moins intense que sur la protection que nous donnaient les cimes ; on avait soin de dresser les petites tentes sur des renflements du sol et on les assujettissait avec des piquets de deux pieds de long. Cela fait, on creusait une rigole autour de la petite maison de toile, puis on y apportait un lit de pierres et de cailloux sur lequel on déposait son sac.

Chaque compagnie allumait ensuite son feu en procédant comme suit :

Une grosse pierre plate était placée au centre de l'endroit le plus favorable ; les turbans étaient déroulés et tendus de façon à abriter le foyer ; des grosses branches étaient fendues de façon à en atteindre le cœur, moins humides que l'écorce ; on en taillait de petits fagots bien secs.

Une cartouche était pétrie autour d'un chiffon suifé, formant mèche incendiaire et déposée sur la pierre plate; des brins de bois étaient aussi graissés et dressés en faisceaux au-dessus de la mèche; les fagots s'empilaient sur le tout formant pyramide autour et au-dessus du foyer; les turbans abritaient le bûcher. Le feu était mis à la mèche par un morceau d'amadou, allumé par l'amorce d'une capsule grattée avec une épinglette. En un instant tout était embrasé!

On apportait des arbres entiers pour alimenter les flammes; bien entendu, les turbans étaient retirés aussitôt qu'ils devenaient inutiles. De pareils brasiers, une fois bien pris, ne seraient pas éteints par un déluge.

La compagnie entourait alors son feu et se chauffait pendant que les cuisiniers préparaient le repas.

A mesure que les charbons produisaient des cendres, on les transportait toutes chaudes sous les tentes et elles comblaient les interstices de la couche de cailloux dont on avait préalablement garni le sol; en séchant la boue humide, ces cendres formaient avec elle un mortier, une sorte de béton.

Un peu avant la nuit, on chauffait au feu sa demi-couverture, son pantalon rouge, son capuchon, et, après avoir pris une ration d'agardiente (eau-de-vie) préparée en punch, on se glissait sous sa tente, on la fermait hermétiquement, on allumait une *bouffarde*, puis on devisait avec ses camarades de lit jusqu'au moment où la pipe tombait des lèvres et où l'on s'endormait, comme si on se fût trouvé à la caserne Napoléon.

Les sybarites poussaient le raffinement jusqu'à chauffer de gros cailloux et à se les placer aux pieds pour ne pas avoir froid la nuit. C'étaient de ces gens qui sont gênés par une feuille de rose pliée en quatre dans leur couche!

Et voilà comment les zouaves narguaient la pluie et se donnaient leurs aises. Le convoi fut comme toujours harcelé par les guérillas, qui espéraient lui faire subir le sort de celui dont nous avons raconté le massacre; mais les zouaves étaient trop faits à la vie de campagne pour commettre la faute de ne pas soigner leurs armes. Une carabine de zouave est si bien entretenue qu'elle partirait dans l'eau.

A Matta-Indios, des groupes de guérillas fondirent sur la colonne; le convoi tenait près de trois kilomètres.

Les deux bataillons couvrirent de leurs tirailleurs ce long espace et maintinrent à distance les pillards qui s'osèrent charger; quand les voitures eurent défilé, une centaine de zouaves se détachèrent de la colonne, dissimulèrent leur marche à travers les bois, et débordèrent un groupe nombreux qui formait une sorte de réserve aux guérillas et d'où partaient les ordres du chef suprême de ces bandes.

Au moment propice, les zouaves débouchèrent de la forêt, tombèrent sur cette réserve et l'exterminèrent, à peu de chose près.

Inutile de dire que les guérillas, qui harcelaient notre arrière-garde en ce moment, disparurent comme par enchantement, en voyant leurs troupes de soutien passées au tranchant des sabres-baïonnettes.

Un seul mot peint bien leur déroute; ils *déguerpirent* en toute hâte en poussant des cris de terreur fort amusants pour nous.

Cette leçon fut jugée suffisante par les chefs de partisans; ils perdirent l'espoir d'enlever des voitures si bien gardées et se contentèrent de nous surveiller à bonne distance avec les plus grandes précautions.

Dans les reconnaissances qui furent poussées, les chasseurs d'Afrique rencontrèrent plusieurs serpents énormes, endormis ou du moins engourdis par le froid. Un jour, pendant que le soleil brillait à travers une éclaircie et chauffait un peu le sol, un mulet s'échappa de la colonne; il fut poursuivi. Tout à coup on le vit s'arrêter et trembler de tous ses membres; un boa de cinq mètres de long s'était dressé soudain du milieu des hautes herbes et allait s'élancer sur le mulet, quand il fut blessé par une décharge. Sur huit balles tirées, trois avaient porté! Mais on était si près du monstre et il était si gros, qu'on ne pouvait guère manquer l'un ou l'autre des anneaux de sa queue roulée en spirales.

L'agonie de ce reptile fut affreuse (*horresco referens*); il se débattait sur le sol en faisant des bonds prodigieux et se déchirait lui-même avec rage, se mordant aux endroits où il avait été blessé, vomissant la bave et le sang. Nous eûmes là au naturel le splendide tableau de la galerie d'Apollon, où Delacroix a peint la mort du serpent Python.

Peu à peu cependant, la stupeur qui avait frappé les spectateurs de cette scène se dissipa: chacun prit qui sa hachette, qui son couteau arabe; le boa fut achevé, dépecé et mangé.

La chair en était excellente en grillade; ceux qui la firent sauter, qu'on nous passe ce terme technique, dans les gamelles, la trouvèrent moins bonne; le léger fumet de musc qui se dégage sur les charbons était resté dans le rôti.

D'autres serpents, boas ou autres, furent pris et eurent les honneurs de la table des zouaves.

Lorsque le convoi fut parvenu à Matto-Indios, il apprit l'étrange nouvelle qu'un détachement de chasseurs à pied et de zouaves du 3e, venus d'Orizaba par Vera-Cruz pour chercher des vivres, se trouvait enfermé par les eaux et manquait de vivres. On n'avait ni pont ni barque pour porter du secours à ces quatre compagnies; la colonne elle-même se vit arrêter en face d'un cours d'eau sur l'autre rive duquel se trouvaient sans pain trois cents hommes bloqués par les débordements.

Nous raconterons prochainement comment se dénoua ce drame.

NOS ADVERSAIRES.

Discorde aux camps. — Au diable les ministres! — Fra Diavolo général au Mexique. — Un tigre en épaulettes. — Les galanteries de messire Carvajal. — Paroles faussées. — Fuite honteuse.

Notre courage, la fermeté du général Lorencez, le stoïcisme de toute l'armée trouvèrent un puissant auxiliaire dans la division, qui ne tarda pas à se mettre parmi nos adversaires. Au lieu de s'unir contre nous avec d'autant plus d'énergie que les revers les accablaient, les chefs juaristes se jetèrent réciproquement des reproches au visage et, l'irritation aidant, ils conçurent les uns pour les autres des haines féroces.

Au Mexique, la discorde et l'anarchie régnaient dans le pays avant notre arrivée et y régnèrent pendant la lutte. Chose inouïe, étrange pour un Français, on vit chaque général de Juarez mépriser les instructions du gouvernement, agir à sa guise et refuser d'obéir aux ordres du ministre de la guerre.

La plupart des officiers supérieurs, parmi nos adversaires, se souciaient du président et de son administration comme *un enfant d'une coquille de noix dont il a mangé la chair*. (Comparaison du capitaine Mila, prisonnier de guerre.)

Les troupes régulières, ou soi-disant telles, n'admettaient une direction qu'autant que cela leur convenait. Chaque corps d'armée jalousait son rival. On opérait isolément: de là, point d'unité d'ensemble faute de discipline.

Les Mexicains qui avaient pris parti pour nous furent soumis à nos règlements militaires, et la nouvelle armée, régentée par le code français, fit merveille sur le champ de bataille. Cent cavaliers de Marquez, organisés à la française, battaient trois fois autant de réguliers juaristes ; les contre-guérillas s'illustrèrent par de brillants exploits.

Puis, il faut bien le dire, les simples soldats de l'armée ennemie n'étaient pas certains de servir l'intérêt du pays; ils avaient par contre la conviction d'être des instruments de fortune aux mains de leurs chefs. De pareilles considérations ne sont pas faites pour inspirer le dévouement et l'héroïsme. Tel qui tomberait sans pousser une plainte pour le salut de la patrie, ne se battra qu'à contre-cœur pour assurer la prépondérance d'un ex-brigand, comme Carvajal, devenu par surprise homme politique et commandant d'armée.

Et nous ne saurions trop le répéter, Carvajal, Porfirio Diaz, Curvilli et tant d'autres, n'étaient au début que des capitaines de coupe-jarrets. Après avoir dévalisé les voyageurs, ils offrirent leurs services aux partis qui déchiraient la patrie en lambeaux.

Nul ne saurait nier ces faits notoires. Quand les officiers supérieurs et subalternes, qui avaient vraiment l'amour du pays, virent le calme et la modération des Français, quand ils eurent admiré notre conduite vis-à-vis des habitants, lorsqu'ils eurent la conviction que nous venions, non pas faire une conquête, mais une régénération ; non pas favoriser telle ou telle faction, mais doter l'empire d'une constitution stable; lorsqu'ils nous eurent appréciés enfin, ils passèrent sous nos drapeaux ou gardèrent la neutralité.

C'est ce qui explique comment Orizaba ne fut pas pris; comment depuis le bombardement aucune tentative ne fut dirigée contre cette place. Mais on comprend aussi pourquoi des bandes acharnées au pillage enlevèrent nos convois et cherchèrent surtout à s'emparer des courriers chargés d'espèces pour le corps expéditionnaire. Le brigandage ordinaire se transforma en brigandage politique.

A ce sujet, la biographie de Carvajal est tout un enseignement. Nous avons trouvé cet homme en face de nous général de division et commandant la cavalerie de Juarez. Nous n'hésitons pas à affirmer que si un capitaine de vaisseau, à quelque nation qu'il appartînt, eût capturé sur mer un pirate qui eût commis autant de crimes que ce forban de terre, il l'eût pendu, selon le droit maritime, haut et court, à la grande vergue, sans autre forme de procès.

Nous allons décrire l'existence de ces *vautours des barramas*, comme les appellent les Indiens ; nous serons scrupuleux à l'excès dans les citations de ces forfaits.

D'abord détrousseur sur la route de Vera-Cruz à Mexico, Carvajal réunit une bande et profita des querelles interminables entre les *réactionnaires* et les *libéraux* pour piller, tuer et incendier en grand. Peu à peu il trouva son rôle mesquin et aspira aux honneurs. Il offrit ses services et ses troupes — un ramassis d'assassins ! — à un général d'armée, et se fit confier le soin d'aller raser les villes et les villages du parti ennemi; c'était d'un habile homme. Il avait un pavillon pour couvrir ses crimes, un drapeau au nom duquel il ravageait d'inoffensives bourgades.

Ce misérable devint un personnage influent, et nous le retrouvons investi d'un grade régulier par Juarez, lors du débarquement.

Il semblait prévoir que, si les Français étaient vainqueurs, les drôles de son espèce seraient rayés des contrôles d'une armée régulière ; il conçut une haine furieuse contre nous.

Ce fut lui qui ordonna les massacres de prisonniers, lui qui s'empara des décorations de nos morts et les porta sur sa poitrine, lui qui dicta des décisions atroces à des généraux modérés, incapables de résister aux volontés de cet homme dangereux ; lui enfin qui fit déchiqueter par morceaux des enfants et des femmes dans ces villages où il ne trouvait rien à piller.

Un fait en passant.

Carvajal entrait, un peu avant le second siége de Puebla, dans le bourg de Quécholac. La population avait faim. Il fit dévaster les maisons et fouiller les campagnes ; ses batteurs d'estrade s'emparèrent de l'alcade et de quelques notables qui furent bâtonnés, puis torturés avec une barbarie inouïe parce qu'ils refusaient de livrer leurs femmes et leurs filles. Après quoi la chasse recommença et des scènes odieuses, épouvantables se passèrent.

Carvajal choisit la plus jolie captive et l'emmena à sa suite quand il quitta le bourg ; elle était à sa suite garrottée, quand il rentra à Puebla, où il reçut son brevet de général pour un exploit qui consistait à raser une malheureuse petite ville.

La jeune fille fut abandonnée par Carvajal après deux mois de tortures indescriptibles; elle fut ramenée à son village par des Indiens qui eurent pitié d'elle. Quand elle retrouva ses parents, elle était dans un état affreux. Depuis elle est devenue folle.

Tous les Français qui se sont arrêtés à Quécholac peuvent affirmer la vérité du plus petit détail de cette anecdote. Et voilà l'homme qui portait les épaulettes de général !

Encore si ce bandit avait été brave !

Mais quand les Français bloquèrent Puebla, Carvajal s'enfuit avec ses trois mille hommes, peu désireux de contribuer à la défense de la ville et de payer de sa personne.

Tel était l'un de nos adversaires, tel était l'un des chefs auxquels Juarez avait confié la défense de sa cause. Porfirio Diaz était taillé sur le même patron; vingt autres, moins célèbres, marchaient sur les traces de ces *Fra Diavolo* mexicains.

Aussi comprend-on facilement la réaction qui se fit en faveur des Français. Lorsqu'une de nos colonnes débarrassait une ville de ces troupes de chacals et d'hyènes, elle était acclamée. Les habitants saluaient nos soldats comme des libérateurs, et plus d'une fois le 2ᵉ régiment de zouaves fut écrasé sous une pluie de fleurs.

Quant à expliquer comment les guérillas continuèrent à nous combattre, c'est chose facile. La population travailleuse et affamée de tranquillité se ralliait à l'intervention ; mais tous les routiers, tous les malandrins qui vivaient auparavant de la guerre civile, se ralliaient en masse contre une armée venue pour pacifier la nation.

Grâce aux troubles, la lie du peuple s'était fait une douce habitude du pillage, et la longue résistance des guérillas est tout simplement la protestation, sous couleur d'indépendance, du brigandage aux abois contre l'ordre et la stabilité.

Nous ne confondons pas cependant parmi les bandits les généraux réguliers et braves qui se battaient avec des convictions sérieuses. Mais encore, chez beaucoup d'entre eux le sentiment de l'honneur et de la loyauté s'était-il affaibli au contact de ces drôles qu'on avait faits leurs égaux.

Après la reddition de Puebla, les généraux juaristes avaient juré solennellement de ne pas chercher à s'enfuir ; parmi ces prisonniers sur parole, L. Diaz, Berriogabal et Jose Antillon faussèrent leur serment.

Lo Llave fut tué au moment où il cherchait à s'échapper, et enfin Ortega, le général en chef, donna le honteux spectacle de la perfidie la plus déshonorante. Il s'esquiva d'Orizaba après avoir renouvelé les assurances les plus vives de loyauté.

Negrete avait auparavant fait fusiller des résidents français qui refusaient de se laisser dépouiller de bonne grâce. Saragoza avait un code terrible à l'usage des Indiens qu'il *réquisitionnait*.

Mais cependant nous devons citer comme des types chevaleresques Mendoza et quelques autres qui s'indignèrent de pareilles félonies. Malheureusement, dans les conseils, ces voix honnêtes et modérées étaient toujours étouffées.

L'histoire impartiale, jugeant entre nous et nos adversaires, dira si nous sommes venus au Mexique détruire une république, ou si nous n'avons pas été entraînés à reconstituer un État qui s'écroulait et auquel nous ne demandions que des satisfactions légitimes.

LE CHASSEUR D'AFRIQUE.

Marche sur Puebla. — Zouaves à cheval. — Lauriers entrelacés. — Guerillas et chasseurs. — Une proie facile. — D'un mort bien vivant. — Comment le bandit Domingo et sa troupe furent capturés par un peloton d'amazones. — Les contre-guerillas.

Le corps expéditionnaire, grâce aux nombreux renforts qu'il avait reçus, dessina sa marche sur Puebla ; notre cavalerie, en protégeant la tête et les flancs des colonnes, eut à soutenir plusieurs combats contre les juaristes qui avaient une grande confiance dans leurs escadrons réguliers.

Avant de décrire un des brillants faits d'armes de nos chasseurs d'Afrique, nous allons esquisser à grands traits la mâle figure des soldats de cette arme.

On pourrait définir le chasseur d'Afrique : un zouave à cheval.

Même esprit de corps, même système de recrutement, mêmes allures et mêmes habitudes !

Du reste, une estime et une affection profondes unissent ces deux troupes par les liens d'une touchante et inaltérable amitié ; toujours ensemble, on les voit côte à côte dans les marches, le cavalier hissant sur son cheval le sac du fantassin.

En garnison, ils traversent les rues bras dessus bras dessous, s'arrêtant aux mêmes cabarets pour y boire frais sans jamais s'y prendre de querelle.

Au camp, ils s'asseoient en cercle aux mêmes foyers ; quand il y a *nopces* aux zouaves, les chasseurs d'Afrique sont du festin ; il est sans exemple que l'un ait mangé le *veau gras* du butin sans inviter l'autre.

C'est à ce point que, dans les prises d'armes, un colonel de chasseurs envoie toujours un trompette sonner le *boute-selle* au bivac des zouaves, certain que la moitié de ses hommes y sont en train de *fricoter* (terme consacré).

Quand les zouaves sont aux prises avec l'ennemi, les chasseurs se haussent sur leurs étriers et suivent avec une ardente sollicitude les péripéties du combat, et ils confondent leur gloire avec celle de leurs camarades.

Rien de bizarre comme un zouave racontant une charge de chasseurs d'Afrique et disant : « Nous avons sabré ici ; notre premier escadron a donné là ; nos chevaux n'en pouvaient plus. »

Quant aux chasseurs, ils ont pris Malakoff et ils narrent ainsi l'affaire : « Notre premier bataillon a débouché des tranchées, nous sommes tombés sur les Russes à la baïonnette, etc. »

Il en résulte pour l'auditeur non initié une confusion telle qu'il ne comprend rien au récit des troupiers d'Afrique ; il voit avec stupéfaction les fantassins à cheval et les cavaliers armés de baïonnettes s'élançant sur les brèches.

De mémoire de soldat il n'y a pas eu de duel entre les deux corps !

Le chasseur joue dans la cavalerie le rôle du zouave ; c'est un éclaireur intelligent, prudent à l'occasion, audacieux quand il le faut, habile à se tirer d'affaire ; fertile en ressources plein d'initiative et de résolution.

Dans les grandes manœuvres et les attaques d'ensemble, les escadrons déploient la fougue enragée de l'infanterie d'Afrique et choisissent le point faible avec autant de coup d'œil qu'elle. Tel est le chasseur.

Au reste, menant la vie de campagne comme son compère de l'infanterie et sachant comme pas un se procurer ses aises et *faire bouillir sa marmite* (style troupier). Nous ne nous appesantirons pas plus longtemps sur ce caractère et nous renverrons nos lecteurs à notre monographie du zouave, publiée au début de cette œuvre ; qui dit l'un, dit l'autre.

Toutefois, nous raconterons plusieurs traits de ruse qui prouvent que nos cavaliers algériens sont gens d'esprit.

Dans les derniers temps de l'occupation, les guérillas mexicaines redoutaient tellement les chasseurs, qu'ils n'osaient jamais attaquer les convois gardés par les sabres redoutables de ces derniers.

Les chasseurs s'ennuyaient fort de n'avoir plus maille à partir avec l'ennemi ; un de leur détachement imagina de tendre aux bandes le piège suivant :

Une trentaine de cavaliers se mirent en blouse blanche, comme font les cantiniers ; puis ils bourrèrent de foin leurs sacs de campement, les chargèrent sur leurs montures et se mirent en route, tenant les chevaux par la bride. On eût dit d'une bande de vivandiers allant ravitailler quelque fort.

Les guérillas, apercevant ce convoi, poussèrent des cris de joie, point de chasseurs pour défendre les marchands, quelle aubaine !

Au nombre de soixante ou quatre-vingts, ils fondirent sur une proie en apparence assurée ; les chasseurs les laissèrent arriver. Quand ces pillards furent à portée, les faux cantiniers jetèrent bas les charges, sautèrent en selle, mirent sabre au poing et tombèrent avec furie sur les guérillas qui furent houspillés de la belle façon. Armes, chevaux, hommes, presque tout fut pris.

Voici maintenant un trait individuel. Une vedette aperçut trois cavaliers juaristes qui l'observaient, mais qui se tenaient à distance respectueuse ; le chasseur voulut se donner le plaisir d'un engagement avec ces sentinelles ennemies, il tira sur elles ; elles ripostèrent. C'est ce qu'il voulait.

Faisant mine d'être touché, il se laissa aller sur la croupe de sa monture qu'il éperonna pour être emporté vers les guérillas. Il joua si bien son rôle de blessé que les trois cavaliers juaristes y furent pris. Ils s'élancèrent pour arrêter le cheval, et s'en emparer après avoir achevé le Français ; mais celui-ci, se redressant, cassa la tête d'un guérila d'un coup de pistolet, et désarçonna l'autre d'un coup de sabre. Le troisième s'enfuyait, mais il fut abattu d'un coup de mousqueton.

Le chasseur rentra avec trois chevaux et reçut une ovation méritée. Chaque jour on jouait de pareils tours aux maraudeurs qui entouraient nos camps.

Les chasseurs d'Afrique fournirent aux contre-guérillas, organisés par nous, des officiers excellents, tirés parmi nos maréchaux-des-logis.

L'un de ces chefs d'irréguliers fit une capture importante de la façon la plus drôlatique.

Un certain Domingo, bandit de profession et juariste pour le quart d'heure, tenait la campagne et dévastait la contrée que gardait notre contre-guérila ; en vain celle-ci fouillait tous les ravins et tendait des embuscades pour rencontrer Domingo et sa troupe ; le brigand était insaisissable.

Un jour le chef français trouva le moyen d'attirer Domingo dans un piège ; il fit raser six de ses meilleurs soldats, et il les affubla de robes de femmes ; l'un joua le rôle d'une vieille grand'mère ; un autre celui d'une matrone qui pouvait passer pour la fille de la vénérable aïeule ; deux autres avec du blanc d'Espagne se rajeunirent au point qu'à distance on les eût pris pour les petites filles de la bonne dame.

Enfin le sixième cavalier se grima en gouvernante anglaise.

Cinq autres soldats se déguisèrent en servantes négresses ou indiennes.

Un beau matin, cette escouade de dames monta sur des mules; l'officier, en tenue de gandin mexicain, accompagna ces senoras; derrière lui, quatre serviteurs armés suivaient la caravane. C'étaient des soldats résolus, mais des voleurs pouvaient parfaitement croire qu'ils fuieraient au premier coup de feu, selon la coutume des *peons*, qui abandonnent leurs patrons quand le danger est un peu sérieux.

Le reste de la contre-guerilla conduisait six mulets qui étaient censés porter les bagages des voyageurs; ces *arrieros* avaient des fusils, mais les bandits savent par expérience que les muletiers ne font jamais feu.

On se mit en route à l'aube; à midi Domingo n'avait pas encore paru; les contre-guerillas se désolaient quand la bande surgit d'une barranca (ravine).

Chacun simula une peur horrible; les dames surtout se démenèrent sur leurs montures en poussant des cris d'effroi; la vénérable aïeule poussa la conscience jusqu'à s'arracher quelques-unes des mèches de cheveux qu'elle s'était fabriquées avec des crins arrachés à la crinière d'un cheval blanc.

Ce spectacle était touchant; mais le farouche Domingo et ses féroces compagnons n'étaient pas hommes à se laisser attendrir par une scène de désespoir. Tous les brigands mirent pied à terre et ils coururent, les uns vers les bagages, les autres vers les dames.

Tous ces *coupeurs de route* étaient de joyeuse humeur; Domingo semblait ravi; en vrai capitaine malandrin, il s'était adjugé la plus jeune senorita, qui faisait mine de s'enfuir et qu'il poursuivait en riant.

Soudain, comme les voleurs étaient à portée qui des dames, qui des muletiers fort effrayés en apparence, une voix cria: Feu! Les *arrieros*, les domestiques et leurs senoras saisirent des revolvers cachés sous les vêtements et criblèrent de balles, envoyées presque à bout portant, les bandits dont pas un n'échappa.

Quant à Domingo, la senorita qui s'était laissé atteindre par lui avait une telle force musculaire qu'elle le fit prisonnier, ce qui ne laissa d'étonner ce Fra-Diavolo mexicain, peu habitué à rencontrer chez les femmes une pareille vigueur de poignets.

Inutile d'ajouter que Domingo, « honteux comme un renard qu'une poule aurait pris, » fut jugé, condamné et exécuté au milieu d'un grand concours d'Indiens qui voulaient s'assurer *de visu* qu'ils étaient enfin débarrassés du *tigre des broussailles*, c'était le nom qu'ils donnaient à ce brigand.

On le voit, nos chasseurs d'Afrique surent donner une habile et vigoureuse impulsion aux contre-guerillas au commandement desquelles ils furent appelés, et ce n'est pas un des moindres services que ces intrépides cavaliers aient rendu à l'empire mexicain.

COMBAT DE SAN JOSÉ.

Les romanciers et les voyageurs; le gros bout de la lorgnette. — Un centaure; l'arsenal vivant. — Piège. — Un peloton contre un régiment. — Renouvelé des Suisses. — La mêlée. — Les héros des croisades.

Au début de l'expédition, nous avions fort peu de cavalerie à opposer à celle de Juarez; en dehors de quelques faits d'armes isolés, nos chasseurs d'Afrique ne s'étaient pas encore mesurés avec les fameux cavaliers mexicains, qui passaient pour les meilleurs du monde entier.

Notre infanterie avait infligé plusieurs déroutes à ses adversaires, mais ceux-ci avaient la ferme conviction de nous écraser sous les charges de leurs nombreux escadrons, qui nous attendaient devant Puebla pour nous exterminer.

A dire vrai, on nous avait tant vanté les réguliers à cheval, que nous n'étions pas sans éprouver quelque inquiétude; les romanciers et les voyageurs français, anglais, américains avaient si pompeusement, si unanimement décrit la bouillante valeur, l'énergie sauvage, la vigueur, l'adresse de ses *gauchos* enrégimentés, que, malgré soi, on songeait à l'énorme disproportion de nos forces.

Nos régiments de ligne en carrés se souciaient des charges comme un mur de la poussière; l'expérience en avait été faite; nos bataillons se sentaient inébranlables. Mais nos chasseurs d'Afrique et de France allaient se heurter aux avant-gardes contre de forces imposantes; parviendraient-ils à les disperser?

Les récits des écrivains nous présentaient un cavalier mexicain comme portant plusieurs revolver, une lance, un sabre, un long couteau, une espingole, un lazo, un casse-tête; chaque lancero était, à leur dire, un arsenal vivant.

Et cet homme si bien armé cassait une pipe d'une balle sans toucher aux lèvres d'un fumeur, piquait de sa lance et en galopant à toute bride une piastre sur le sol, lançait en l'air une figue de Barbarie et la coupait juste par le milieu du tranchant de son yatagan; bref, c'était l'être le plus redoutable qu'on pût rencontrer; il eût fait pâlir de rage un vrai centaure dans une lutte d'hippodrome. Où diable les romanciers et les voyageurs susnommés avaient-ils vu tout cela?

A beau mentir qui vient de loin! Nos soldats purent s'en convaincre.

Tout le prestige des réguliers de Juarez s'évanouit à la première bataille; nos chasseurs brisèrent à coups de sabre l'échafaudage de cette réputation usurpée.

Ce fut à San José qu'eut lieu la première rencontre. Le capitaine Foucauld et quarante-huit chasseurs d'Afrique poussaient une reconnaissance en avant de las Reys, le 18 février, vers trois heures du matin; il s'agissait d'éclairer la marche d'une colonne.

A l'aube, nos cavaliers aperçurent, non loin de San José des bandes nombreuses de guérillas en maraude.

— Allons, — ordonna le capitaine, — balayez-moi ces gens-là!

Les chasseurs s'élancèrent en riant, tant ils considéraient la besogne comme peu sérieuse, et chassèrent devant eux ces voleurs émérites qui ne tinrent pas un seul instant.

Mais en fuyant, les guérillas attiraient leurs adversaires dans un piège; un fort régiment de cavalerie juariste (environ six cents hommes!) débusqua d'un pli de terrain et marcha contre notre petit détachement.

Certes, une quarantaine d'hommes peuvent sans déshonneur se retirer devant quatre escadrons, mais nos chasseurs ne plièrent pas.

Charger était une folie!

Mais comment se résigner à fuir?

Pas un officier ne voulut commander: En retraite! pas un soldat ne tourna bride.

Le régiment ennemi s'avançait au trot, vociférant des menaces et manifestant une joie sauvage; ils croyaient que nos cavaliers se rendaient; mais à quelque distance, les juaristes s'arrêtèrent et cessèrent de vociférer; ils s'étaient aperçus que leurs adversaires, droits sur leurs étriers, s'apprêtaient à combattre.

Le capitaine Foucauld eut alors un éclair de génie.

Les lanciers sont immobiles devant lui; il comprend que la résolution des siens frappe l'ennemi de stupéfaction; il saisit ce moment d'indécision et, de sa voix vibrante, il commande: En avant!

Les chasseurs brandissaient leurs sabres, dont les lames étincelaient au rayon du soleil levant; la pointe haute, ils enlèvent leurs coursiers numides en poussant leur rauque clameur de bataille, et ils tombent avec fougue sur le front du régiment ennemi hérissé de lances.

En tête se trouvent les officiers et trois sous-officiers qui ouvrent passage à la colonne ; ils écartent les lances par des coups de revers et heurtent les rangs qui plient sous le choc.

Derrière leurs chefs, les chasseurs s'engouffrent dans le vide, élargissant la trouée. Une mêlée sanglante s'engage, mais nos cavaliers poussent toujours droit devant eux, blessent, tuent ou renversent tout ce qui leur fait obstacle et coupent en deux tronçons la colonne ennemie. Ils reprennent du champ pour revenir à la charge ; mais les juaristes se dispersent et gagnent de l'espace. On leur appuie une chasse qui dure vingt minutes ; nos cavaliers à leurs trousses franchissent les ravins et les ruisseaux, et les taillent en pièces.

Soudain la trompette retentit ; plusieurs autres escadrons surgissent sur le bord d'une gorge profonde qui les sépare de nous ; derrière ce rempart, les fugitifs se rallient. L'ennemi développe de nouveau un front redoutable ; pour l'atteindre, il faut, sous le feu des mousquetons, descendre dans la berge et la remonter.

Là nos chasseurs furent sublimes !

Ils se jetèrent à corps perdu au fond de la *barranca*, escaladèrent les talus avec une incroyable audace, et sans hésiter se ruèrent individuellement, — leurs rangs étaient rompus, — au milieu des masses qui les attendaient la lance en arrêt.

L'engagement fut long et périlleux ; nos soldats isolés ne pouvaient unir leurs efforts ; chacun d'eux était enveloppé d'un cercle d'adversaires qui le pressait de toutes parts. Mais une dizaine des nôtres parvinrent à se réunir et à former un groupe qui dégagea par les pointes vigoureuses les autres chasseurs accablés ; le peloton se reforma ; puis *prenant carrière*, il s'abattit de nouveau sur les escadrons de lanciers avec tant de rage qu'il les mit en déroute. Ces six cents hommes tournèrent bride après avoir vu leurs premiers rangs renversés et foulés sous les sabots des chevaux.

Ce régiment, le plus beau de Juarez, fut saisi d'une terreur si folle, qu'il ne s'arrêta que sous les murs d'une place ennemie.

Dès lors tout fut dit. Ces lanciers juaristes furent à jamais démoralisés, et, pour vaincre, nos chasseurs d'Afrique n'eurent plus qu'à paraître.

Ce combat fut cité à l'ordre de l'armée ; c'est un des plus brillants faits d'armes de notre cavalerie. Il fait grand honneur à monsieur de Foucauld, qui, avec son lieutenant monsieur Vuillemot, et monsieur Paploré, sous-lieutenant, montra une intrépidité chevaleresque.

D'autres noms furent encore associés à ceux-là : ce sont ceux des sous-officiers Chavannes, Dermianne, Le Gou (tués tous trois), Carpentier (blessé) et Ratat, qui, imitant l'exemple d'un Suisse héroïque, écartèrent les lances ennemies pour faire brèche, dans les escadrons ennemis.

Les épisodes foisonnent dans cette action de guerre ; en voici deux : Un maréchal-des-logis venait d'être blessé ; il avait roulé à terre ; les lanciers sous l'achevaient quand un chasseur, nommé Bécamp, se précipita sur ce point, sabra et dispersa cette bande de corbeaux acharnés sur ce petit corps d'hommes, et enleva son sous-officier qu'il plaça à travers de sa selle. Puis il continua à combattre.

Un officier ennemi, caché derrière un arbre, tirait sur le capitaine Foucauld, qui, tout occupé à diriger son monde à travers le dernier ravin, ne s'inquiétait pas des balles. Le chasseur Robin, exaspéré de voir le chef juariste s'acharner contre son capitaine, court droit à lui. L'officier juariste se sauve vers ses hommes ; Robin le poursuit, l'atteint, lui casse la tête d'un coup de pistolet et continue à charger. Un brigadier nommé Lippervill et les chasseurs Keillinger et Bougeard se firent aussi remarquer par des coups de sabres superbes.

Le général en chef cita tous ces noms à l'ordre du jour. On vit à ce combat de San José une poignée de braves renouveler les exploits fabuleux des chevaliers du Tasse et de l'Arioste ; quand l'on songe à la vigueur corporelle et au courage indomptable que le capitaine Foucauld et ses cavaliers durent déployer, on se croit transporté à l'époque où Tancrède et Roland accomplissaient leurs exploits légendaires.

Les vieux Francs des croisades ne rougiraient pas de leurs descendants.

INVESTISSEMENT DE PUEBLA.

Départ du général Lorencez. — L'armée à son chef. — Le général Forey. — Un mot au lecteur. — Une note à relire. — Les détails piquants. — Comment on prit la clef de la ville. — Les redoutes. — Les bull-dogs de l'Anglais.

La première période de la campagne est terminée. La seconde commence.

A un corps d'armée restreint succèdent deux divisions.

Le général Forey remplace le général Lorencez qui se rembarque pour regagner la France.

L'armée donna à son ancien chef les marques de la plus vive reconnaissance ; chaque soldat avait pu apprécier les qualités solides de ce vaillant homme de guerre.

Depuis l'échec de Puebla, le corps expéditionnaire avait admiré l'énergie, le courage, la ténacité et surtout la fierté toute française avec laquelle le comte de Lorencez avait maintenu haut et ferme notre drapeau.

Lorsque le général nous quitta, on l'acclama avec enthousiasme, et nos cris d'adieu durent le toucher ; six mille hommes qui lui devaient la vie, et plus que la vie, l'honneur ! lui prouvaient par des acclamations réitérées que son souvenir resterait gravé dans les cœurs. Aujourd'hui encore, de ce petit corps d'armée qui a souffert et combattu pour la France, il n'est pas un homme qui n'atteste que le général comte de Lorencez a bien mérité du pays et de ses légions.

Avec quatre mille hommes valides, il a bravé les efforts de quarante mille réguliers et de vingt mille guérillas ; il a vaincu, à force de stoïcisme, l'ennemi, la fièvre jaune, la famine et le découragement. Un capitaine qui, à des milliers de lieues de sa patrie, tient en échec les forces d'un immense empire avec une poignée d'hommes, qui résiste à mille causes de démoralisation, et ne recule pas d'une semelle, un tel homme est un héros, et son nom est inscrit en lettres d'or au panthéon de l'histoire.

Le général Forey, qui remplaçait monsieur de Lorencez, avait déjà exercé de grands commandements ; en Crimée, il avait été chef du siège de gauche ; en Italie, le brillant combat de Montebello l'avait placé aux premiers rangs parmi ses pairs.

Le nouveau général, ayant deux fortes divisions sous ses ordres, résolut le siège de Puebla, qui entravait sa marche sur Mexico. Les différentes armées furent concentrées à Orizaba, et dirigées sur la ville qu'on voulait emporter ; nous avons raconté les divers incidents de cette marche protégée par notre cavalerie, et notamment le combat de San José. Nos divisions arrivèrent devant la place le 16 mars, et l'artillerie ennemie nous salua d'un coup de canon ; nous y répondîmes par un cri de guerre et de menace qui dut retentir au loin. Ainsi les Grecs saluèrent les Troyens ; mais du moins les Français n'eurent-ils pas besoin de recourir à un cheval de bois pour s'emparer de la ville.

Nous sommes arrivés à une phase de cette guerre difficile à décrire : un siège en règle comporte des opérations multiples et nécessite des explications très-claires, mais fort heureusement très-intéressantes. Nombre de lecteurs n'ont pas la moindre idée de ce que peut être une parallèle et de la façon dont on chemine vers les remparts: nous espérons le leur faire comprendre.

Rien n'est plus attachant que ce genre de récit, quand on a pris carrément son parti de rejeter tous les mots techniques et d'expliquer les choses bourgeoisement et familièrement.

Quand nos lecteurs auront parcouru notre relation du siége de Puebla, ils se feront une idée exacte de l'ensemble et des détails souvent si piquants de cette partie de l'art militaire, et chacun d'eux pourra s'écrier, en supposant qu'il soit pompier ou garde national :

Miles sum, nihil belli a me alienum.

Je suis soldat et rien de ce qui est guerre ne m'est inconnu.

Le premier soin d'un général qui veut assiéger une place est de la faire entourer de toutes parts.

C'est l'investissement.

Les différents corps qui enveloppent la ville doivent être placés de façon :

1° A bloquer l'assiégé, c'est-à-dire lui enlever toute communication avec l'extérieur ;

2° A se défendre eux-mêmes contre les attaques des armées, dites *de secours*, qui de l'extérieur tenteraient ou de faire lever le siège, ou de jeter des renforts et des munitions dans la place. Quand on possède un effectif assez considérable, on dispose un corps d'armée spécial, dit *d'observation*, destiné à protéger, contre les armées de secours, les troupes qui cernent la place et que l'on appelle *corps de siège*.

Ceci posé — et nous prions le lecteur de relire deux fois la note ci-dessus — voici comment procéda le général Forey dont la situation était fort difficile.

La garnison se composait de vingt-cinq mille hommes ; elle était supérieure à notre effectif. Nos deux divisions arrivées en présence de Puebla devaient se fractionner en différents détachements, et par des marches de flancs aller se poster aux quatre points cardinaux de la place ; ces marches ayant lieu hors de portée du canon, c'est-à-dire à trois mille mètres des ouvrages avancés, nos colonnes embrassaient donc une étendu périmétrique (forme de cercle) de douze lieues.

Les vingt-cinq mille hommes de la garnison, au centre de ce cercle, pouvaient tomber en masse sur un des points de la circonférence ; chaque point ne pouvait être occupé que par un millier d'hommes, sous peine de dégarnir les autres.

On peut juger si les juaristes avaient la partie belle.

Dans un siège ordinaire, les forces de la garnison comparées à celles des assiégeants sont habituellement un homme contre vingt ; elle peut néanmoins opérer des sorties, et là où elle tombe les chances sont égales entre la partie attaquée elle-même, car elle ne trouve en face d'elle que le vingtième des forces ennemies. A Puebla, au contraire, nous étions écrasés à chaque sortie par un ennemi vingt fois supérieur.

Pour ne pas être accablés ou surpris dans notre mouvement tournant, nous agîmes avec prudence. Le 16, les deux divisions réunies établirent des redoutes sur la face nord de la place. Le 17, on laissa des troupes dans ces redoutes faciles à défendre ; puis chaque division avança l'une par la droite, l'autre par la gauche, établit de nouveaux retranchements et de ces retranchements poussa encore en avant.

Le 18, mêmes mouvements.

On conçoit que cette façon de procéder était très-ingénieuse ; nous enveloppions la ville de redoutes que peu d'hommes pouvaient garder, et là où ils se portaient nos divisions, leur effectif était fort peu diminué ; si bien que l'investissement se faisait sans nous exposer à laisser un faible détachement aux prises avec une masse considérable. La garnison se heurtait, soit à une division entière soit à un retranchement.

Du côté de la division Douay, on s'empara très-habilement d'une colline dominante située à l'ouest : le Cerro-Juan. Cette colline, dont le sommet était balayé par les canons ennemis, se trouvait très-près des remparts. L'ennemi, au cas où nous aurions marché contre cette position importante, pouvait s'y battre sous la protection de son artillerie de siège, après avoir en outre couronné ce sommet de son artillerie de campagne.

Rien de plus facile que de nous empêcher de nous installer sur ce mamelon. Mais nous usâmes de ruse.

Vers les deux heures du matin, la division Douay et le corps allié de Marquez partirent de leurs bivacs, simulant une reconnaissance poussée au loin dans la campagne ; si bien que les vedettes ennemies annoncèrent à la garnison que nous étions allés faire quelques razzias dans les villages voisins.

Mais nos troupes, revenant brusquement sur leurs pas, marchèrent contre le Cerro-Juan, s prirent les avant-postes et chargèrent. Les assiégés lancèrent aussitôt des troupes pour couronner le cerro ; mais nos chasseurs (1er bataillon) et nos zouaves (2e régiment) arrivaient sur le plateau en même temps que l'ennemi et le chassaient dans la place.

Carvajal essaya d'une attaque précipitée de cavalerie sur nos flancs, mais les lanciers de Marquez le continrent bravement ; nous restâmes maîtres de la position et l'on s'y fortifia.

Par l'incurie des assiégés, nous tenions la clef de Puebla.

Le lendemain et les jours suivants, on continua l'investissement, qui bientôt fut complet sans que l'ennemi eût osé nous attaquer, grâce à notre excellent système de progression : on élevait un fort retranchement, on le faisait garder par une petite garnison, puis on poussait plus loin.

De la sorte, la place fut comme emprisonnée d'une ceinture de redoutes, à l'abri desquelles on distribua les camps des diverses brigades, de façon à secourir les garnisons de ces sortes de forts qui se soutenaient entre eux, et donnaient à nos braves de solides appuis, soit contre une sortie de la place, soit contre une attaque des armées que pouvait envoyer Juarez.

Nous décrirons, dans les chapitres suivants, la situation exacte de chaque corps français, et les fortifications de Puebla, qui méritent à bon droit la réputation qu'on leur a faite.

Mais, avant de terminer, nous raconterons un fait qui se rattache à cette époque de la guerre.

Un résident anglais avait eu à subir plusieurs fois les vexations des juaristes ; en dernier lieu, les guérillas lui avaient pillé sa maison et l'avaient roué de coups. L'Anglais avait déjà servi aux Indes, il avait fait la guerre du Nizam et ne craignait pas un coup de fusil.

Il résolut de se venger.

A cet effet, il prit sa carabine et s'en alla rôder le soir aux environs des bivacs ennemis ; mais il reconnut bientôt qu'une balle tirée dans les ténèbres est une balle perdue. Il songea à employer un autre moyen de vengeance qu'une fusillade inutile ; il acheta deux bull-dogs superbes à un de ses amis, et dressa ce couple à sa façon.

Quand il eut suffisamment exercé ses chiens, il les emmena avec lui vers un camp juariste, s'approcha du front de bandières en rampant, et montrant une sentinelle à ses dogues, les lança contre elle.

Les chiens, se glissant en rampant vers le factionnaire, le surprirent, lui sautèrent à la nuque et l'étranglèrent.

Après cet exploit, ils se retirèrent.

L'Anglais recommença souvent cette sanguinaire expédition. Les juaristes crurent longtemps que leurs vedettes étaient égorgées par des panthères ; mais, une nuit, un soldat tua d'une balle l'un des dogues, et l'on connut la vérité à la suite d'une enquête.

Inutile de dire que nous n'étions pour rien dans cette vendetta et que nous eussions empêché sévèrement les nôtres de se livrer à ce genre d'expéditions.

INVESTISSEMENT DE PUEBLA.

(Suite).

Une proclamation de Juarez ; ce qu'en faisaient nos troupiers. — Puebla et ses fortifications. — Où le Vengeur se montre érudit. — Massacre épouvantable. — Le bûcher. — La clairière des Chiens-Brûlés.

Pendant nos mouvements d'investissement, nos camps furent inondés de ballots contenant des proclamations adressées à nos troupes par les juaristes. Elles étaient toutes d'un ridicule achevé.

Voici la plus courte :

« Français,
» Jusqu'ici nous avons reculé devant vous parce que
» nous voulions vous attirer dans l'intérieur du pays ;
» maintenant, en vous inspirant, par des *retraites simu-*
» *lées*, un fol orgueil, nous avons réussi à vous ramener
» devant Puebla, dont les fossés seront vos tombes.
» Tremblez donc !
» A moins pourtant que vous ne reconnaissiez vos er-
» reurs, et que, pour échapper au sort qui vous attend,
» vous ne veniez à nous !
» Vous serez bien reçus, on ne vous forcera pas à
» vous battre, on vous nourrira bien et l'on vous distri-
» buera des terres.
» *Les mieux serait* de vous révolter en masse contre
» vos généraux et de les forcer à se rembarquer. On
» vous laisserait libres de regagner la mer, et vous pour-
» riez garder vos armes ; seulement on vous ôterait vos
» munitions.
» Votre honneur militaire serait sans tache !
» Frères, nous vous présentons la mort ignominieuse
» et sans pitié, ou la vie honorable. Vous êtes trop in-
» telligents pour ne pas choisir entre notre colère et no-
» tre affection.
» Réfléchissez en regardant nos canons, et vous senti-
» rez que si vous hésitiez (*sic*) vous seriez perdus !
» Vous surtout, zouaves ! nous comptons sur votre bon
» sens. Si vous voulez servir la république, on vous au-
» rait une haute paye, et l'*aguardiente* (eau-de-vie) ne
» manquerait pas dans vos bidons, vides aujourd'hui. »

Nos soldats ramassaient les proclamations, riaient du style et se gaussaient des idées, puis ils en allumaient leurs pipes.

Prenez donc Malakoff, soyez donc vainqueurs à Solferino, pour qu'on vienne vous faire de pareilles sommations !

De toute cette armée qui nous menaçait de mort avec tant de forfanterie, pas un homme ne devait s'échapper, sauf, au début, les cavaliers de Carvajal.

Ce qui inspirait aux juaristes ces fanfaronnades, c'était la persuasion que leur ville était imprenable ; il est certain que cinq mille Français l'auraient défendue contre cent mille hommes.

Puebla avait quatre-vingt mille habitants ; elle possédait un nombre considérable d'édifices.

Ces bâtiments, monastères ou églises, avaient été utilisés pour la défense ; ils étaient devenus des bastions. Et quels bastions !

Les murailles, formées de pierres énormes, avaient plusieurs mètres d'épaisseur ; on les avait consolidées par des terrassements. C'étaient des citadelles plus redoutables que des citadelles régulières et reliées entre elles par des courtines et des redans.

L'ensemble de ces forts formait une enceinte continue, ayant quatre faces.

Celle du nord se composait des redoutes Guadalupe, Lorretta et Indépendance (couvents), San-Antonio, San-José, Calverio, Xonaca (églises).

La face est se composait des forts Saragose (église Remedias), Totimehuacan, Anaïo, Croix et San-Francisco (églises).

La face sud comprenait les forts Hidalgo et Parral, la Soledad (église), il Carmen (moulin), la Madelena (un *rancho*) ; l'église Santiago formait poste avancé.

La quatrième face (ouest) se développait ainsi : le Pénitencier (Iturbide), la Réforme, San-Marco, San-Pablo (refuge).

Nous avons énuméré ces redoutes pour montrer combien elles étaient entassées et rapprochées les unes des autres.

Qu'on s'imagine ces bastions formidables, garnis à profusion d'artillerie de siége, regorgeant d'hommes parfaitement abrités sous des blindages, et l'on comprendra combien il était facile de nous empêcher de prendre Puebla. Mais cette enceinte ne constituait que le premier système.

En arrière de celui-là, les Mexicains avaient formé une seconde enceinte formant cinq faces.

Cette enceinte était ainsi faite :

Les maisons, toutes en pierres de taille, ont des murailles d'une épaisseur inouïe ; elles forment, par groupes carrés, des îlots ou *quadres*. Les Mexicains avaient percé des communications dans chacun des *quadres*, qui devinrent ainsi des redoutes à compartiments (qu'on nous passe le mot). Chaque *quadre* fut réuni au voisin par une barricade à l'épreuve du boulet, et un second rempart fut constitué ainsi derrière le premier.

Plus tard, les Mexicains, pendant que nous enlevions ces deux premiers obstacles, réunirent en arrière d'autres *quadres* par d'autres barricades ; si bien que l'on eût, sur certains points, jusqu'à cinq et même six lignes fortifiées à emporter successivement.

Enfin, au centre de la ville, était une cathédrale imposante et majestueuse qui fut transformée en casbah (citadelle intérieure).

On l'entoura de fossés qui furent emplis d'eau, et on fit de ce point central un réduit très-vaste et d'une solidité à toute épreuve, sur lequel s'appuyaient tous les autres retranchements, dans lequel la garnison trouvait un refuge assuré, d'où partaient des renforts tout frais au moment des assauts.

Un des avantages de ce système de redoutes fut que la garnison se trouvait couverte contre nos projectiles ; elle entassait des sacs à terre sur les terrasses des maisons et des édifices ; nos bombes ne pouvaient qu'à la longue entamer ces blindages.

Enfin chaque quadre formant un tout, l'un pouvait être pris sans entraîner la perte du voisin, fermé de toutes parts.

La place contenait cinq divisions d'infanterie, plus une brigade, plus deux brigades de cavalerie. L'artillerie se composait de deux cents pièces de siége et de nombreuses pièces de campagne, servies par deux mille artilleurs.

Nous espérons avoir bien exposé la situation de Puebla ; nous conseillons à nos lecteurs de conserver cet article et ils pourront, en relisant nos explications, suivre pas à pas les péripéties émouvantes de ce siége dramatique.

L'investissement de Puebla étant complet, on procéda aux travaux de siége ; mais, avant de raconter comment fut ouverte la première tranchée, nous rapporterons l'anecdote suivante, qui prouve que l'étude des auteurs latins peut inspirer un guerrier.

Nos lecteurs se souviennent sans doute de ce partisan, appelé le Vengeur par les Indiens ; nous avons dit que ce singulier allié, à la tête d'un petit nombre d'hommes dévoués, poursuivait sans relâche les guérillas.

Tant que nous fûmes bloqués à Orizaba, les Indiens n'avaient pas bougé et ils subissaient les avanies des juaristes sans oser sourciller; mais du jour où nous mîmes pour la seconde fois le siége devant Puebla, ils comprirent que nous étions résolus à renverser leurs oppresseurs; il y eut comme un réveil de cette race malheureuse. Le Vengeur, à la tête de sa petite troupe de cavaliers, parcourut les villages, exhortant les Indiens à la résistance, se mettant à leur tête en maintes circonstances.

Un jour, il apprit que, sur nos derrières, dans la région des montagnes, une bande nombreuse désolait les bourgs et les haciendas. Il y courut et étudia les allures de cette guérilla, composée de cinq ou six cents hommes. Le Vengeur rassembla une trentaine d'Indiens résolus et dévoués, les chargea de scies et les emmena avec lui.

Les Indiens revinrent quoique temps après, puis pendant quelques jours on n'entendit plus parler du Vengeur. Il reparut pourtant un soir et ordonna à une centaine d'hommes de prendre leurs armes, de se munir de torches et de le suivre.

Le matin même un métis, dévoué au Vengeur, mais se donnant pour un juariste, avait été trouver le chef des guérillas et lui avait annoncé qu'il connaissait la retraite du Vengeur; qu'il se cachait dans une forêt avec ses cavaliers et que, si on lui donnait une récompense, il guiderait les juaristes vers la cabane qui servait de refuge à cet ennemi acharné des bandes.

Le métis ajouta qu'après le massacre du Vengeur il conduirait les guérillas à son village et qu'il montrerait le silo où les habitants cachaient leurs richesses; il ne demandait qu'une part du butin pour salaire.

La proposition fut acceptée.

A la brune, la bande monta à cheval et se dirigea vers la forêt; le métis marchait en tête. Les pillards ne se défiaient de rien; ils étaient trop nombreux, pensaient-ils, pour craindre le Vengeur, eût-il été soutenu par les Indiens.

Vers dix heures du soir les cavaliers étaient au cœur de la forêt; ils marchaient quatre de front au milieu d'un chemin étroit bordé d'arbres séculaires. Tout à coup le métis se jette dans les broussailles et disparaît; on le poursuit, mais on ne l'atteint pas.

Aussitôt des craquements se font entendre, les arbres se renversent les uns sur les autres et des deux côtés de la route s'abattent sur le chemin; un grand nombre d'hommes et de chevaux sont tués; les autres sont comme ensevelis sous les branchages.

Soudain des lueurs apparaissent; les flammes s'allument et montent de toutes parts; un réseau de feu entoure le théâtre de la catastrophe, se resserrant de plus en plus, brûlant les arbres et ceux qui gisaient sous leurs rameaux touffus.

Ceux des guérillas qui n'étaient pas pris dans les abattis deviennent fous de peur et s'enfuient sous une grêle de balles; les autres périssent au milieu d'un immense bûcher.

Ainsi avaient été anéanties jadis les légions romaines par les Gaulois nos pères.

Le lieu où se déroula cette scène épouvantable est appelé maintenant par les Indiens : *la clairière des chiens brûlés.*

Les débris de la bande quittèrent la contrée et n'osèrent plus y reparaître. Quant au Vengeur, il continua son œuvre sans s'inquiéter de nous, sans nous aborder jamais, gardant toujours sur ses plans et son but un mystérieux silence.

Il savait du reste que nous désapprouvions ces représailles, légitimes peut-être, mais trop féroces pour être admises par des soldats français.

LES CAMPS DEVANT PUEBLA.

Le quartier général : le *Cerro-Juan*. — Un réveille-matin désagréable. — D'un boulet farceur. — Les moulins à café; les lampes; les chandelles; les horloges.—Coup de clairon.

Nous n'indiquerons pas en détail la position de chaque corps; nous avons établi que la ville était entourée. Qu'il nous suffise de dire que les troupes de toutes armes fournissaient les gardes de tranchées, les travailleurs et les compagnies d'attaque. En un mot, le service roulait sur tout l'effectif; mais le plus fort détachement se trouvait sur le Cerro-Juan avec le quartier général, le parc d'artillerie et le train d'équipage.

Le Cerro-Juan était en face du Pénitencier, point sur lequel se dirigeait notre attaque; car si on enveloppait la ville entière, on ne cherchait à faire brèche que sur un point. Le Cerro-Juan était une position excellente, en ce que l'on y dominait la ville; mais on était si près de la place que le bivac était exposé au feu des canons des assiégés.

En effet, le lendemain de l'installation, on s'aperçut que l'ennemi avait d'énormes pièces marines qui lançaient des boulets à des distances incroyables. Avant l'aube, les cuisiniers, établis sur les fronts de bandière, étaient tranquillement en train de préparer le café des escouades, quand les bastions du Pénitencier se mirent à tirer sur notre camp. En quelques minutes, une vingtaine de bombes tombèrent sur les tentes. Les soldats, encore endormis pour la plupart, furent désagréablement surpris par les détonations. Il se passa même un fait étrange, mais pourtant authentique.

Un cuisinier avait creusé son fourneau au bas d'un talus dans une sorte de chemin creux; il avait placé sa marmite sur le foyer; puis, pendant que l'eau chauffait, il était allé chercher du sucre dans sa tente. Il revint et s'aperçut que les charbons étaient à moitié éteints, que les cendres étaient mouillées, mais à part cela rien de suspect; la marmite était toujours pleine. Sans s'inquiéter davantage, le cuisinier raviva la flamme, puis il s'assit près de son feu et attendit; au bout de dix minutes son eau ne bouillait toujours pas. Le cuisinier s'en étonne, il jette des branches d'arbres sur la braise et il se croise les bras; mais, après une longue attente, l'eau ne bougeait pas. Le cuisinier trempe son doigt dans la marmite; l'eau est à peine tiède.

Le cuisinier étonné appelle ses camarades; il leur raconte ce qui lui arrive, on se moque de lui, et un vieux soldat *pousse activement le feu* (style de bivac), c'est-à-dire qu'il le charge de bois. Mais une demi-heure se passe, à la grande stupéfaction de l'escouade, avant que l'eau entre en ébullition.

Enfin, comme le jour commençait à poindre, la marmite bouillonnait légèrement, on y jeta le café; on laissa faire un *tour ou deux* à la poudre pour qu'elle fût bien infusée et chacun prépara ses gamelons, tout en devisant sur le bizarre caprice de cette marmite, si lente à chauffer ce matin-là.

Mais autre surprise!

Quand on voulut la soulever pour en verser le contenu dans la gamelle, il fallut la prendre à deux mains; elle était d'un poids énorme. Les soldats se regardèrent d'un air ahuri; ils assistaient à une série de prodiges.

Toutefois on vida, non sans difficultés, le café dans la grande gamelle, mais tout à coup un boulet roula du fond de la marmite au milieu du liquide brûlant, éclaboussa cinq ou six visages à la ronde et renversa tout le déjeuner de l'escouade.

On comprit ce qui s'était passé.

Un boulet mort avait roulé sur le terrain en pente jusqu'au bord du talus; puis, du talus, il était tombé dans la marmite, dont il prenait tout le calorique.

D'autres prétendent qu'un farceur, pour faire pièce à ses camarades, avait probablement ramassé ce projectile et l'avait placé là où on l'avait trouvé.

On peut choisir entre les deux versions, mais le fait est vrai.

Une fois l'investissement opéré, l'établissement des camps français se fit rapidement. Dès le début, on creusa les fossés d'écoulement et les routes; on éleva des cuisines abris; on entoura les tentes de fossés profonds; bref, on tâcha de se procurer tout le comfortable possible; avec notre initiative, nous sûmes nous donner nos aises. On établit des fourneaux, des horloges, des lits de camp, des lampes, des chandelles, des moulins à café, etc., etc.

Un éclat d'obus, un peu d'huile et une mèche retenue par une épinglette, voilà pour les lampes. Les chandelles nécessitaient plus de soin: on fabriquait d'abord des moules avec la tôle d'une boîte à mitraille; cela fait, on allait aux abattoirs afin d'y recueillir les paquets de graisse que les bouchers jetaient, parce qu'elle n'était pas bonne à manger; nos soldats la ramassaient, la laissaient fondre dans une casserole faite avec le fer-blanc qui entourait les boîtes à balles, puis ils coulaient ce suif dans les moules garnis de mèches.

Pour griller leur café, les zouaves trouvaient avec la pointe des baïonnettes des plaques de fer-blanc tirées des boîtes à mitraille. Ils plaçaient ces plaques sur des cendres chaudes et le café sur les plaques; on retournait les grains quand ils étaient dorés d'un côté par la chaleur.

Quant aux moulins, ce fut encore plus tôt fait. Les grosses bombes éclatent souvent en deux, en se coupant par la moitié; souvent aussi les petits obus n'éclatent pas du tout. Un petit obus, dans le trou duquel était enfilé un manche de bois, formait pilon; le mortier se composait d'une moitié de bombe. Déjà on avait employé le même procédé en Crimée.

Il était nécessaire d'avoir l'heure pour relever les sentinelles; on avait diverses manières, dans les escouades, pour remplacer les horloges. Voici quelques-uns des moyens employés pour connaître la marche du temps.

Les uns avaient des ficelles de longueur calculée à l'avance pour le but qu'on se proposait. Ces ficelles étaient roulées dans la poudre mouillée, puis ensuite séchées; chaque ficelle était divisée par des nœuds en vingt-quatre parties égales; on allumait cette mèche à midi, et quand on voulait savoir l'heure, on comptait le nombre de nœuds restant; autant de nœuds, autant d'heures.

D'autres emplissaient d'eau une petite gamelle percée d'un petit trou; les crans étaient marqués à l'intérieur et indiquaient les heures à mesure que l'eau baissait; un couvercle fermait ce *chronomètre*, pour éviter l'évaporation ou la pluie; on levait le couvercle quand on désirait savoir à quel moment de la journée on se trouvait.

Comme toujours, on chassa et l'on pêcha autant que le service le permettait; mais on ne pouvait pas trop s'écarter, car les guérillas, rôdant sans cesse, guettaient l'occasion d'enlever les hommes isolés. Voici ce qui advint à quelques soldats de l'infanterie de marine dont la compagnie poussait une reconnaissance. Ils se trouvaient au nombre de quatre, dont un clairon, séparé de leur compagnie, et nous dirons même égarés. Ils avaient trop appuyé sur leur droite, et la compagnie disparut au milieu des ravins profonds qu'elle explorait. Le clairon sonna, mais en vain, pour se faire entendre de ses camarades; les accidents de terrain arrêtaient les sons qui arrivèrent malheureusement à une trentaine de guérillas embusqués près de là. Un cavalier s'avança, reconnut le petit nombre de nos soldats, appela toute la bande, et le peloton chargea. Mais les fantassins formèrent ce carré par quatre, où, pied contre pied, dos à dos, un petit groupe offre une incroyable résistance au choc de la cavalerie.

Nos fantassins envoyèrent chacun une balle à trois cents mètres, rechargèrent, tirèrent encore; puis rechargèrent de nouveau pour ne plus tirer qu'à bout portant.

Au premier feu un cheval était tombé et un cavalier avait été blessé; au second feu, deux hommes avaient roulé à terre; au dernier, toutes les balles portèrent et l'ennemi fit demi-tour honteusement.

Les fantassins se tinrent prêts à recevoir une nouvelle charge qui ne tarda pas.

Honteux de leur échec, les juaristes revinrent au galop sur le petit carré; cette fois les fantassins ne tirèrent qu'à vingt pas. Mais comme ils avaient mis double cartouche dans leur fusil, deux balles sur la poudre et des cailloux sur les balles, les guérillas furent comme mitraillés et perdirent sept hommes, dont plusieurs tués roide.

Ils firent encore volte-face, mais ils eurent alors l'odieuse pensée d'une trahison atroce; ils se placèrent de façon à couper la retraite aux quatre Français, et l'un d'eux s'avança en parlementant:

— Vous ne pouvez regagner votre camp, — dit-il; — rendez-vous, on vous promet la vie sauve et vous serez bien traités.

Comme il était impossible à nos fantassins de marcher sans rompre le carré, comme d'autre part ils ne pouvaient rester là perpétuellement, ils acceptèrent ces propositions et remirent leurs armes aux juaristes qui les entourèrent aussitôt. A peine ces malheureux étaient-ils désarmés que les bandits les tuaient à coups de lance. Le clairon qui avait un sabre et ne l'avait pas encore quitté, le tira et se rua au milieu des cavaliers, résolu à en tuer le plus possible. Il éventra plusieurs chevaux, troua quelques poitrines et il se fit large cercle autour de lui.

Dans cette mêlée, un cheval sans maître passa à portée du clairon; il le saisit par la bride, sauta en selle, piqua des deux et fendit le cercle qui l'entourait en usant furieusement de son petit coupe-chou; il fit une trouée triomphante et revint au camp à bride abattue. Son pauvre sabre de fantassin, qui avait fait une si brillante besogne, était haché et faussé; néanmoins, il le garda comme un sabre d'honneur. Ce clairon s'appelle *Napoléon*.

COMBAT DE CHOLULA.

Une reconnaissance. — La tactique et le cœur humain. — Il faut de la prudence, pas trop n'en faut. Où gît la force de la cavalerie. L'emploi de la lance. — Déroute. Fatale erreur. D'une belle leçon de générosité. Comment on se marie avec une jolie fille en pays ennemi. — Souhaits de prospérité.

Pendant que l'on procédait à l'établissement des camps, nos colonnes multipliaient les reconnaissances pour étudier les mouvements de l'armée de secours avec laquelle Comonfort espérait pénétrer dans Puebla et y jeter des renforts.

L'une de ces reconnaissances, qui eut lieu sur Cholula, ville voisine de Puebla, donna lieu à un brillant combat de cavalerie. Un bataillon de zouaves et trois escadrons (2e du 3e régiment de chasseurs d'Afrique 1er du 12e chasseurs de France) furent dirigés sur Cholula avec ordre d'en déloger l'ennemi. Les deux mille cavaliers réguliers qui occupaient la place s'enfuirent à notre approche. Le général de Miradol, commandant nos escadrons, se mit à la poursuite des lanciers juaristes laissant les zouaves à la garde de la ville. L'ennemi, s'apercevant, après une course d'une demi-heure, qu'il n'avait que quatre cents hommes à ses trousses, fit volte-face. Ces deux mille réguliers formaient un magnifique front de bataille ; on les vit la lance en arrêt, marcher sur nos petits escadrons, menaçant de les écraser sous leur masse.

Une vive émulation animait nos chasseurs de France et d'Afrique ; ces deux corps rivaux, placés ensemble devant l'ennemi, se seraient fait sabrer jusqu'au dernier homme plutôt que de reculer. Quand les régiments de Comonfort s'ébranlèrent, le général Mirandol organisa ses escadrons et se plaça à leur tête avec le colonel du Barail ; ils enlevèrent énergiquement nos chasseurs et les portèrent en avant. Les juaristes, au lieu d'attendre le choc, s'arrêtèrent, après avoir cru nous mettre en déroute par le déploiement de leurs forces et ils se trouvèrent déconcertés par notre ferme contenance.

Une attitude décidée est un gage de succès.

Les régiments juaristes, n'osant accepter la lutte en rase campagne, se replièrent en toute hâte et allèrent se ranger en arrière d'un ravin qui les sépara de nous. Bonne manœuvre au point de vue de la tactique, mauvaise combinaison au point de vue du cœur humain. Quand une troupe supérieure en nombre se retranche ainsi, plaçant un obstacle entre elle et l'ennemi, elle est à demi-vaincue ; elle doute d'elle-même, et la confiance en soi est la première condition de la victoire. Cette retraite de leurs adversaires ne pouvait qu'inspirer à nos soldats un profond dédain pour eux. Nos chasseurs arrivèrent au trot à portée des balles, dédaignèrent de riposter au feu qui les accueillait, lancèrent leurs chevaux, traversèrent la gorge avec la rapidité de la flèche volant vers le but et couronnèrent la position en un instant. Les lanciers délogés se rallièrent à leurs réserves ; ils étaient protégés en arrière par un autre ravin qui leur assurait une retraite facile ; ils reprirent courage.

Ils s'avancèrent en dirigeant une fusillade enragée contre nous.

Balles perdues.

Le feu, précipité, mal dirigé, passait sur nos têtes. Une cavalerie qui s'amuse à tirailler, quand elle peut charger, perd tous ses avantages. La force des escadrons est l'élan ; qui manque son élan perd la bataille.

Les chasseurs laissèrent s'avancer les lanciers trottinant et mousquetant ; à bonne portée, nos officiers saisirent admirablement l'instant propice et, d'un seul bond, jetèrent leurs colonnes sur les groupes juaristes qui furent enfoncés avant d'avoir pu saisir les lances et prendre le galop. Brisés et balayés, nos adversaires s'appuyèrent sur un défilé et se réorganisèrent à l'abri d'un régiment qui n'avait pas encore donné. Cette fois les généraux ennemis défendirent de tirer ; mais ils commirent une faute énorme ; ils pensèrent à nous envelopper et s'étendirent outre mesure. On les laissa opérer leur conversion par les ailes ; déjà tourbillonnant sur nos flancs, ils poussaient des cris de victoire, quand soudain nos chasseurs, sentant l'heure décisive venue, s'engagèrent à fond contre le centre, le rompirent, le dispersèrent, l'anéantirent en quelques minutes, puis, se fractionnant, abordèrent les ailes.

Mais les lanciers, piquant des deux, se débandèrent, et la plaine fut couverte de leurs flots tumultueux qui allèrent s'engouffrer dans le défilé, où ils disparurent.

L'écho leur porta les défis de nos soldats...

Deux cents morts, autant de blessés gravement atteints, beaucoup d'autres moins grièvement touchés, des bandes nombreuses de prisonniers, des monceaux d'armes, de débris et de chevaux abattus, tels furent les résultats de ce combat. Si jamais troupe fut taillée en pièces, ce fut celle-là !

Et nous ne perdîmes qu'une douzaine d'hommes.

Cette étrange disproportion s'explique par la supériorité du sabre sur la lance, dans les luttes de cavalerie à cavalerie. D'un revers, on détourne le bois du lancier qu'on aborde ; il se trouve ensuite à votre merci par la difficulté de manier son arme si longue, lorsqu'il est corps à corps avec l'adversaire.

La lance, excellente contre l'infanterie, ne vaut rien contre la cavalerie ; aussi nos lanciers ont-ils un sabre dont ils usent à l'occasion.

Cette reconnaissance ne fut pas la seule qui donna lieu à des engagements ; mais celui-là fut le plus important.

Après la dispersion des juaristes, la colonne se replia sur Cholula ; puis infanterie et cavalerie reprirent le chemin de Puebla.

Le général en chef sachant que les forces de Comonfort étaient nombreuses, craignit que la reconnaissance ne fût compromise ; il envoya la cavalerie de Marquez vers Cholula, avec ordre de porter secours à notre petite expédition s'il en était besoin.

Ces deux troupes faillirent s'exterminer. Un orage violent s'abattit sur la contrée qu'elles parcouraient ; la nuit vint envelopper la marche des deux corps d'armée et ils se heurtèrent inopinément sur la route de Puebla.

Impossible de distinguer les uniformes au milieu des ténèbres et à travers des torrents de pluie.

— Marquez ! Marquez ! — nous criaient nos alliés mexicains.

Mais on craignait une trahison de Comonfort qui aurait bien pu chercher à nous tromper.

Enfin, après un quart d'heure d'hésitation et de pourparlers, on se reconnut de part et d'autre et l'on revint ensemble vers les bivacs.

Le lendemain, on exposait devant l'armée les trophées de la victoire : les prisonniers, les armes et les chevaux enlevés à l'ennemi. Ce nouveau succès augmenta encore la confiance de nos soldats.

Un ordre du jour cita parmi les plus braves le général de Mirandol, le capitaine Lehalle, le lieutenant Saulnier (état-major), le colonel du Barail, les chefs d'escadrons Tucé et Carrelet, les capitaines Petit et Aubert, les sous-lieutenants Plessis et Campagny ; parmi les sous-officiers : Gerdolle, Castagnier, Gaillard, Feuillard, de la Salle, Leenhouder ; les brigadiers Mancini, Betoux, Rées ; les chasseurs Feltz, Lallier et Bareyré (3e chasseurs d'Afrique) ; le capitaine Vata et le lieutenant Noël, du 12e chasseurs de France.

Un de nos soldats donna aux juaristes une belle leçon de magnanimité, lorsque nos troupes entrèrent à Cholula. C'était un jeune engagé volontaire fait prisonnier quelques heures auparavant par les guérillas et amené à Cholula par eux.

Il avait été conduit auprès d'un officier supérieur mexicain, qui, ayant des parents dans la ville, logeait chez eux. Cet officier interrogea le prisonnier ; celui-ci refusa de répondre, ce qui excita la rage de toute la famille présente à cet interrogatoire, sauf une jeune et jolie fille qui, ayant intercédé en vain pour le prisonnier, sortit afin de ne pas assister à cette scène. Le Français fut en butte aux injures et aux mauvais traitements des gens de la maison ; il les subit avec fermeté et ne parle point. Son silence exaspéra les juaristes ; ils prirent la parti de le torturer ; mais un coup de trompette et un grand bruit éclatèrent au dehors ; les Français arrivaient et les cavaliers de Comonfort fuyaient. Le prisonnier profita de ce répit pour s'échapper.

Cinq minutes après, il rentrait dans la maison accompagné de plusieurs zouaves ; il allait faire arrêter les juaristes qui voulaient lui infliger *la question*. Mais entre eux et lui se jeta la jeune fille qui avait intercédé en sa faveur : elle le supplia de pardonner.

Et il pardonna.

Les membres de cette famille, si acharnés contre les Français, furent stupéfaits d'une pareille longanimité ; ils envisagèrent notre cause sous un point de vue plus favorable et devinrent peu à peu les ardents promoteurs de la rénovation sociale que nos armes ont provoquée au Mexique.

Le chef de la famille ne cessa du reste d'entretenir une correspondance amicale avec le jeune soldat qui l'avait épargné. Un jour celui-ci fut blessé et amputé d'un bras ; après guérison, il fut dirigé de Mexico sur Véra-Cruz. En passant par Cholula, il s'y arrêta pour dire un dernier adieu aux gens qu'il avait sauvés. Il demeura sous leur toit un jour, puis deux, puis trois, puis une semaine, puis un mois, toujours vivement sollicité de ne pas partir encore.

Enfin, un soir on lui proposa de ne pas partir du tout ; et comme les deux grands yeux noirs de la jeune fille qui avait jadis eu pitié de lui, semblaient dire : Reste, il resta.

Il épousa cette jeune Mexicaine qui lui apporta en dot une exploitation importante.

Aujourd'hui, notre compatriote a jeté les bases d'une fortune considérable et d'un établissement industriel de la plus haute importance ; il dirige une raffinerie de sucre, usant de procédés économiques jusqu'alors inconnus au Mexique.

Nous lui souhaitons bonne chance et pleine réussite.

LES BATTERIES.

Un *desideratum*. — Comment on établit les batteries. — L'enceinte, le fossé, la contre-escarpe, le glacis, les abatis, la gorge, le réduit, la poudrière, le cheval de frise. — Le présage, pas d'auspices. — La première bombe. — Hurrah! — Le père Canibal. — Le Mazeppa de l'infanterie de marine. — Fusillé, pendu ou brûlé. — Davenport. — Dumanet. — Le consul de Prusse. — Sauvé!

La France est une nation militaire ; les partisans les plus sincères de la paix s'y intéressent vivement aux choses de la guerre où nous sommes passés maîtres. Cependant les personnes étrangères à l'armée sont fort ignorantes de ce qu'est une bataille, une marche ou un siège. La faute en est aux historiens qui, négligeant les détails, ne s'occupent que de l'ensemble des opérations. Nous avons essayé les premiers à combler cette lacune et nous avons eu ce bonheur de voir quelques-uns de nos anciens compagnons d'armes publier leurs *Souvenirs anecdotiques*.

Nos lecteurs savent maintenant comment nos soldats livrent un combat de cavalerie ou d'infanterie, comment ils font leurs étapes, comment ils bivaquent.

Nous allons maintenant décrire un siège, et nous n'hésiterons pas à initier nos lecteurs aux opérations multiples de l'art d'enlever une place, car on paraît y porter un vif intérêt. Les questions dont les vieux soldats sont accablés sur les tranchées, les gabions, les mines, les brèches, sont la preuve d'une ardente curiosité que nous espérons satisfaire. Du reste, le siège de Puebla est un des plus importants de notre époque au point de vue militaire. Il fut bizarre par l'étrangeté des moyens de défense, glorieux par l'immensité des obstacles à renverser, meurtrier et semé d'incidents dramatiques, imprévus, inouïs.

La ville était bloquée, nos camps l'entouraient ; déjà on reliait nos redoutes par un fossé d'investissement derrière lequel nos soldats pouvaient à la fois enfermer les assiégés dans la place et repousser les secours qu'amènerait à la ville une armée du dehors.

Alors commença le siège proprement dit. On n'attaque pas une ville de tous côtés ; quand on l'a cernée, on détermine un point d'attaque sur ses remparts et on dirige ses efforts sur ce point qui, une fois pris, doit déterminer la chute des autres.

Le Pénitencier fut le fort qu'on résolut d'emporter ; il devint notre objectif, notre but (en termes moins techniques). Le quartier général du haut du *Cerro-Juan* faisait face à ce fort ; on y établit notre première batterie. Les batteries doivent d'abord protéger les travailleurs qui creusent les tranchées par lesquelles on s'approche à couvert des remparts ; elles doivent ensuite ouvrir la brèche.

Les assiégeants élèvent leurs batteries avec de la terre. Pour se faire une idée de ces *ouvrages*, qu'on s'imagine une enceinte carrée, ou à peu près, composée de murs épais en terre consolidés par des *blindages*, c'est-à-dire par des entrelacements de branchages autour de pieux enfoncés dans le sol ; au pied de l'enceinte, un fossé profond ; dans les talus de ce fossé sont plantés horizontalement des madriers dont les pointes ont été durcies au feu. Le talus du fossé qui regarde l'enceinte est la *contre-escarpe* ; on l'exhausse autant que possible pour couvrir l'enceinte contre les boulets ; le terrain qui s'étend devant la batterie s'appelle le *glacis* ; on le couvre au loin d'*abatis*, c'est-à-dire de piquets pointus enfoncés dans le sol et sur lesquels les assaillants ne sauraient marcher sans se blesser.

Dans la face ou les faces qui ont vue sur l'ennemi, on ouvre des embrasures pour y braquer les pièces ; chaque pièce est établie sur une *plate-forme*, plateau sur lequel manœuvre la pièce. Sur la face opposée à l'ennemi se trouve une ouverture, c'est la gorge livrant passage à la garnison. En cas d'attaque, si l'ennemi cherche à tourner la batterie et à entrer par cette *gorge*, on la ferme par un *cheval de frise*, grosse poutre assise sur un chevalet et garnie de lances de fer très-longues. On dirait d'un porc-épic. Enfin dans l'intérieur de la batterie se trouve la *poudrière*, où les munitions sont cachées sous un *toit* solide. Au centre est le *réduit* ; c'est une autre enceinte au milieu de la première ; elle est ordinairement couverte, ou fortement abritée. C'est là que se tient la garnison protégée contre les bombes.

Telle est la description exacte d'une batterie. Cet ouvrage si compliqué doit être élevé en vingt-quatre heures ; c'est là du moins le délai qu'accordait Saint-Just, le terrible conventionnel, aux officiers d'artillerie, sous peine de mort.

Dans les cas pressés, on ne dépasse pas cette limite ; avant Saint-Just, on mettait sept ou huit jours à cette besogne. Le 24, notre batterie était prête ; on démasquait les embrasures, et les gueules de bronze de nos mortiers paraissaient menaçantes et le feu était ouvert.

On est très-peu superstitieux dans notre armée ; pourtant, lorsqu'au début du bombardement, la puissante voix de l'artillerie gronde pour la première fois, elle éveille mille échos dans les cœurs, et les troupes attentives suivent d'un œil inquiet le premier projectile ; s'il atteint le but, c'est d'un heureux présage. Non que l'on croie aux augures, nous avons des aumôniers, mais point d'auspices ; seulement on juge de l'adresse des pointeurs et l'on aime savoir que l'on a de bons canonniers.

Donc, quand le Cerro-Juan tonna pour la première fois, les soldats jetèrent des regards anxieux sur la fumée de la bombe ; mais elle se dissipa dans l'air ; on n'entendit plus que les sifflements des projectiles dans l'espace. Alors tous les yeux se portèrent sur le Pénitencier.

Soudain un éclair brilla à l'angle gauche ; un nuage s'étendit sur les murs, puis une détonation arriva jusqu'à nous.

La bombe avait touché...

Un cri enthousiaste, formé de mille cris, et des tonnerres d'applaudissements éclatèrent.

Presque aussitôt une seconde bombe s'abattait sur le toit même du Pénitencier et le découronnait. Alors ce fut un délire de joie. Le soir même on ouvrait la tranchée.

Mais avant de décrire cette opération, nous relaterons une aventure assez curieuse qui se rattache à cette époque.

L'infanterie de marine comptait dans ses rangs un vétéran, nommé le père Canibal par ses camarades, non parce qu'il mangeait ses semblables, mais parce que à la suite d'un naufrage il avait failli être mangé par les sauvages de la Nouvelle-Calédonie. Le père Canibal était un de ces vieux troupiers bons enfants qui ont roulé partout, ont eu cent aventures bizarres, savent mille tours ingénieux, sont devenus d'une bravoure à toute épreuve au feu de vingt combats, et ne se laissent démonter par aucune traverse, tant ils ont joué souvent leur existence sur terre, sur mer et autres lieux.

Le père Canibal était aimé dans sa compagnie pour sa joyeuse humeur, ses précieuses connaissances militaires, géographiques, industrielles et culinaires; aussi, grande fut la désolation le jour où il disparut.

On l'avait vu lavant son linge au bord d'un ruisseau; un guerillero avait lancé sur lui son cheval et l'avait lacé avec sa longue corde à nœud coulant. Le père Canibal, pris au dépourvu, avait en vain lancé contre le cavalier son savon qu'il tenait d'une main, sa chemise mouillée qu'il tenait de l'autre. Le guerillero avait fui, le traînant derrière sa selle, par monts et par vaux. Ainsi fut emporté jadis le célèbre Mazeppa par les chevaux de l'Ukraine.

Après une course furieuse, le cavalier s'arrêta; le père Canibal était tatoué comme un sauvage; il avait des bleus, des noirs, du rouge sur tout le corps, effet des contusions. Mais il n'avait rien de cassé; les vieux troupiers sont solides et leur âme de bronze est chevillée dans leur corps endurci.

Le guerillero attacha son prisonnier, le coucha sur sa selle et repartit au galop; le père Canibal avait fait mine de se débattre, mais le juariste lui avait montré la gueule d'un pistolet, et le père Canibal sachant qu'en pareil cas la résistance est malaisée, cessa de se démener dans l'intérêt de sa santé.

La nuit venait. Bientôt le père Canibal vit briller un feu; puis autour du feu il aperçut des juaristes. Le cavalier fut reçu avec des cris de joie. Le guerillero jeta son captif à la bande qui dansa autour de cette proie.

Le père Canibal en frissonna.

Les juaristes, des bandits de la pire espèce, garrottèrent le Français contre un arbre, puis ils se consultèrent sur le genre de supplice qu'on lui infligerait. Après délibération, on arrêta qu'il serait brûlé. (Il fut constaté plusieurs fois que des coupe-jarrets au service de Juarez avaient couché leurs prisonniers sur les charbons de leurs bivacs.)

Le père Canibal, qui comprenait l'espagnol, n'était pas rassuré, loin de là. Il se voyait sur le point de *passer l'arme à gauche*, ce qui en style de bivac signifie trépasser.

Fort heureusement, le bandit qui avait fait la capture était affamé; il proposa de dîner d'abord, et de se donner au dessert le spectacle fort réjouissant, paraît-il, de l'agonie d'un Français; une scène de torture aidait à la digestion de ces brigands-là; chacun prend son plaisir où il le trouve.

On mangea... mais on but... on but tant et si bien qu'on se grisa, après quoi on s'endormit sans plus songer au Français, lequel du reste semblait mis dans l'impuissance de fuir. Mais le père Canibal avait appris, dans sa captivité parmi les tribus sauvages, à se débarrasser des liens; il en aurait remontré aux frères Davenport; son moyen consistait à gonfler sa poitrine, ce qui, à la longue distend les cordes; on obtient ainsi du jeu aux poignets, et l'on opère des pressions paume contre paume; peu à peu les nœuds les plus serrés s'élargissent; on arrive à dégager les os; ce résultat obtenu, le reste est un jeu d'enfant.

Le père Canibal se trouva libre vers trois heures du matin. Si les juaristes l'avaient vu alors, ils auraient été ébahis comme ceux qui assistaient aux représentations des deux médiums américains (Castor et Pollux du spiritisme). Brave homme, mais vindicatif quand on l'avait vexé, le père Canibal voulut se venger avant de fuir; il chercha du regard le guerillero qui l'avait pris au lazo, comme on fait d'un gibier; l'ayant trouvé, il rampa vers lui, au milieu des bandits endormis, et lui prenant son couteau, il le lui plongea dans la poitrine. Le juariste poussa un cri; la bande se mit sur pied. Mais le père Canibal avait sauté au bas d'un énorme ravin, et ce saut était si dangereux que pas un juariste n'osa le faire.

Le père Canibal se perdit dans la campagne au milieu d'une grêle de balles; il marcha jusqu'au jour; se cacha ensuite tant que le soleil fut à l'horizon, puis recommença à marcher pendant la nuit, s'orientant de son mieux. Malheureusement le pauvre vieux soldat s'égarant sans cesse ne pouvait rejoindre les camps; il vécut pendant toute une semaine d'herbes et de lézards crus!

Enfin il aperçut un jour une sorte de camp surmonté d'un pavillon aux couleurs prussiennes. Ayant fréquenté les ports et remarqué ce drapeau, le père Canibal comprit qu'il avait en face de lui des Européens placés sous la protection prussienne; c'était un consul de cette nation qui, se rendant avec son personnel de Mexico à Vera-Cruz, campait avec sa petite caravane pour faire une grande halte.

Le père Canibal fut reçu avec humanité; on le congédia le lendemain dans son propre intérêt. Les guérillas inspecteraient souvent les papiers du consul et ils n'auraient pas admis à sa suite un seul homme de plus que n'en notaient les passeports. Le père Canibal, toutefois, reçut des vivres et un déguisement indien; puis on lui indiqua sa route. Trois jours après, il arrivait au camp et y racontait son odyssée que nous avons résumée et qui est authentique depuis a jusqu'à z.

Singulière destinée que celle de ce vieux troupier. Après avoir failli être mangé par les anthropophages, brûlé par les juaristes, après avoir été emporté à bord par une vague et recueilli au second coup de roulis à la crête d'une autre vague, le père Canibal devait encore éprouver une autre aventure plus singulière, plus incroyable et tout aussi vraie que celles-là. Nous la dirons bientôt.

LA PREMIÈRE PARALLÈLE.

Comment on chemine vers une place. — Ce que c'est qu'une tranchée. — La guerre des taupes. — Les gabions. — Comment on creuse une parallèle. — Sentinelles perdues. — L'instant critique. — Danger terrible. — Un Quasimodo mexicain. — Un fil difficile à couper. — D'un fourneau qui aurait pu nous chauffer trop fort.

Quand on a élevé les batteries qui doivent ouvrir la brèche dans les murailles assiégées, on cherche à s'approcher de la ville le plus près possible en s'abritant contre les boulets.

Une troupe qui, voulant donner l'assaut à une brèche, partirait de son camp à découvert, serait anéantie par les boulets et la mitraille avant d'atteindre le pied du rempart.

Pour s'abriter, on creuse des fossés profonds à huit cents mètres des redoutes ennemies; ce fossé est la première parallèle; cette tranchée finie, on en ouvre une autre un peu plus en avant, et on la met en communication avec la première par des fossés en zigzag, dits boyaux de tranchée.

Selon les cas, on ouvre trois, quatre, six et même neuf parallèles, toutes communiquant les unes aux autres, et l'on arrive ainsi jusqu'à trente mètres des murailles ennemies.

Les colonnes qui doivent s'élancer sur la brèche n'ont qu'un bond à faire et qu'une décharge à essuyer, car elles ont pu, de parallèle en parallèle, arriver à couvert jusque sous la gueule des canons, magnifique résultat d'un véritable travail de taupes.

Or, notre batterie étant terminée, son feu étant ouvert, nous avions à creuser notre première parallèle.

Le génie, qui est la tête d'un siège et qui dirige les travaux, opéra ses reconnaissances. Les officiers, escortés par quelques hommes seulement, allèrent la nuit étudier le terrain; quelques-uns parvinrent, en trompant la surveillance des sentinelles, à mesurer jusqu'aux fossés des bastions ennemis.

On s'assura que, par une heureuse disposition du sol, nos colonnes seraient à l'abri du canon ennemi jusqu'au faubourg Santiago, c'est-à-dire à six cents mètres du Pénitencier, que nous attaquions. On résolut d'ouvrir la première parallèle à cette distance.

On se figurera sans peine combien cette opération est dangereuse, car il faut creuser la tranchée sous le feu ennemi. A la nuit tombante, sept cents travailleurs, portant le fusil en bandoulière, quittèrent leurs camps et se rendirent au dépôt de tranchées, où ils reçurent une pelle et une pioche; de là ils furent conduits au dépôt des gabions et ils se munirent chacun d'un gabion, sorte de cylindre creux fait de branchages entrelacés qui affecte la forme d'un tonneau défoncé aux deux bouts.

Vers sept heures, la nuit était tout à fait venue, les travailleurs furent conduits sur le point où la parallèle devait être ouverte. Les sapeurs du génie placèrent alors les hommes à un mètre de distance les uns des autres, sur un tracé indiqué d'avance, de façon à occuper une ligne d'un kilomètre environ. Aussitôt qu'un travailleur était placé, il mettait son gabion à terre, ses outils à trois pas en arrière, puis prenait son fusil, se couchait à plat ventre et attendait.

Toutes ces dispositions étaient prises avec les plus grandes précautions et silence; si l'ennemi s'était douté de la présence des travailleurs, il aurait ouvert sur eux un feu terrible. Cent pièces chargées à mitraille vomiraient la mort sur les travailleurs et les anéantiraient. Les compagnies chargées de protéger le travail se portèrent en avant et se couchèrent sur le sol, prêtes à repousser les sorties; des petites troupes de sentinelles perdues se détachèrent encore en avant. La position de ces védettes est fort dangereuse; isolées au milieu de la nuit, elles doivent veiller au salut de tous, déjouer au péril de leur vie toutes les surprises et tenir leur âme fermée à toutes les défaillances, pour apprécier de sang-froid tous les bruits qui s'élèvent, toutes les formes qui surgissent. Une fausse alerte attirerait inutilement l'attention de l'ennemi et compromettrait le salut de tous. Et pour résister aux faiblesses dont on est assailli, il faut double courage, car les ténèbres produisent toujours un certain effet sur le soldat; l'ombre prête aux moindres choses des proportions fantastiques; l'oreille perçoit des sons bizarres dont l'esprit ne se rend pas compte; l'imagination surexcitée exagère le péril.

Dans ces nuits d'insomnie, les plus braves sont forcés de réagir, sinon contre la peur, du moins contre un malaise indéfinissable qui dispose aux paniques. En effet, le cœur se serre, quoi qu'on fasse; les nerfs s'irritent, les yeux se fatiguent et ne distinguent plus les formes déjà confuses des objets qui semblent tourbillonner; les étoiles dansent aussi dans le ciel; puis, par un singulier effet d'optique, on croit voir l'atmosphère s'illuminer de lueurs subites, qui brillent, s'éteignent, se rallument, s'enlacent parfois en longs traits de feu ou forment des gerbes qui laissent échapper une pluie d'étincelles.

Cette fantasmagorie est souvent si brillante que les conscrits croient réellement assister à quelque feu d'artifice, et le lendemain ils racontent comme des réalités les visions de leur cerveau troublé. C'est à toutes ces causes d'erreurs ou de démoralisation qu'il faut résister.

Ces sentinelles perdues et les lignes de tirailleurs, qui protégent le travail en avant des tranchées que l'on creuse, ont pour mission d'arrêter les sorties que l'ennemi pourrait tenter; ces troupes doivent recevoir à découvert la mitraille de l'ennemi et le repousser pour qu'il ne puisse arriver jusqu'à la parallèle dont il cherche à disperser les pionniers.

Ainsi, pour résumer, voici la situation des troupes ayant une tranchée à ouvrir : une première ligne de sentinelles, une seconde ligne de compagnies couvrantes destinées à combattre, le cas échéant; une troisième ligne, celle de travail, qui creuse les tranchées.

D'ordinaire la place assiégée dirige un feu violent sur les travailleurs; mais pas un coup de fusil ne fut tiré; ce silence parut étrange. On supposa que les assiégés attendaient le moment où les pioches frapperaient le terrain pour pointer dans cette direction.

Aussi n'était-ce pas sans anxiété que l'on attendait le signal de commencer l'œuvre. A ce signal, chaque travailleur devait creuser un trou d'un mètre carré de superficie au pied de son gabion, dans lequel on jette les déblais produits par la pioche. Une fois le trou creusé et le gabion rempli, on est à l'abri du boulet; inutile de dire que l'on se hâte d'arriver à ce résultat. Les hommes étant à un mètre les uns des autres, quand chacun fait sa besogne, s'il y a huit cents travailleurs, huit cents mètres de tranchée sont creusés.

La nuit était sombre. Puebla se découpait en noir sur le fond blafard de l'horizon; les redoutes dressaient, sur le couronnement des mamelons, leurs silhouettes menaçantes. L'ordre : Haut les bras! circula à voix basse sur toute la ligne; sept cents hommes se dressèrent et saisirent leurs outils.

C'était l'instant critique; les canonniers allaient entendre du bruit et tirer; des trombes de feu allaient s'abattre sur nous et décimer nos rangs. N'importe! Les fers d'un millier de pioches résonnèrent, fouillant le sol et produisant un roulement semblable à celui que cause un régiment de cavaliers passant au galop. On jugea que ce bruit devait arriver aux sentinelles; l'alerte allait être donnée; le bronze était sur le point de tonner.

Alors chacun crut sentir cinq cents pièces de canon braquées sur sa poitrine; pas un homme peut-être n'échappa à une angoisse poignante.

Mais une, deux, cinq, dix minutes s'écoulèrent; les batteries ennemies restaient silencieuses. Les travailleurs surpris poussaient leur tâche avec une fiévreuse activité.

Une demi-heure se passa sans que l'ennemi donnât signe de vie; alors on commença à redouter quelque surprise; on redoubla de vigilance, car pareil silence devait être trompeur. Plusieurs officiers se dévouèrent pour tâcher de sonder les projets des assiégés; ils se portèrent assez loin en avant de la tranchée et cherchèrent à découvrir si les Mexicains ne marchaient pas contre nous. Ils eurent l'audace de s'approcher presque au pied des redoutes; ils ne virent rien de suspect.

Ils remarquèrent seulement qu'à la distance où ils se trouvaient on n'entendait pas le bruit des pioches, parce que le vent était contraire.

Ils retournèrent porter au plus vite cette bonne nouvelle aux travailleurs, qui continuèrent leur labeur avec sécurité.

Mais un autre danger, danger terrible! nous menaçait. L'église du faubourg Santiago, voisine de nous, était minée; un sacristain vint nous l'apprendre tout effaré. Ce pauvre homme était une espèce de Quasimodo tenant à sa chapelle comme le sonneur de Notre-Dame tenait à ses tours. Il venait nous prier de chercher le fil électrique avec lui.

Avec lui!

Il n'était ni soldat ni brave même, car les balles lui faisaient grand'peur. Mais pour sauver son église, il brava tout. Pendant une heure, tout le monde fut sur un volcan; nos intrépides soldats du génie s'attendaient à chaque instant à sauter et les travailleurs avec eux.

Enfin le fil fut trouvé et coupé; on découvrit ensuite les fourneaux et on les vida.

— Ah! — disaient nos zouaves en parlant de ces mines, — si ces fourneaux-là avaient chauffé, nous étions rôtis!

Telle fut la nuit du 24 mars 1863.

Le lendemain au jour, un kilomètre de tranchée était creusé. L'ennemi stupéfait tira à outrance; mais il était trop tard.

LES FRANCS-TIREURS.

2e, 3e et 4e parallèles. — La tranchée idéale. — Les *places d'armes*. — L'armée française et son organisation à la *romaine*. — Les enfants perdus; un soldat plein d'humanité. — Leçon de politesse. — Paris bizarres. — Deux coups de canons pour un homme. — Les pupazzi à la tranchée.

La première parallèle était ouverte; nous continuâmes à *cheminer* vers le Pénitencier, notre *objectif*, c'est-à-dire le but de nos attaques.

Le premier soin fut de perfectionner la tranchée, de l'élargir, de la consolider et de masquer, en exhaussant les parapets, les points les plus exposés.

Le beau idéal d'une tranchée consiste à la creuser si profondément et à lui donner une telle ouverture, qu'une pièce de campagne avec son attelage y circule à l'aise. Sous ce rapport, comme sous tant d'autres, notre génie n'a qu'un rival, celui de l'armée russe.

Quand la tranchée est terminée, on y établit des *places d'armes;* ce sont des emplacements, en forme de petits bastions, où se tiennent massées les réserves de la garde de tranchée. Car il faut occuper les tranchées pour les protéger contre les sorties de l'assiégé qui cherche à s'emparer des travaux et à les détruire.

Enfin on établit encore des gradins de fusillade, avec créneaux pour les tirailleurs.

Ces créneaux sont ainsi formés:

On place sur la crête des parapets un sac bourré de terre en travers; puis à un pied de celui-là, et dans le même sens, un autre sac, de telle sorte qu'il reste un jour au milieu. Sur ces sacs et en travers d'eux, on en entasse plusieurs autres que l'on consolide avec des pieux. Le tireur passe son fusil par la meurtrière, et sa tête est alors protégée comme le reste du corps.

Pendant que nous poussions ces travaux, l'ennemi voulut nous arrêter par un tir à outrance; mais nos batteries, qui jusqu'alors ménageaient leur poudre, forcèrent les redoutes juaristes à nous laisser en paix; nos bombes et nos obus, lancés à profusion, obligèrent les canonniers assiégés à riposter contre notre artillerie; cette diversion donna de la sécurité aux pionniers.

A ce sujet, nous ferons remarquer que nous n'avons pas de pionniers proprement dits. Nos régiments du génie fournissent des têtes pour diriger la besogne; l'infanterie fournit indistinctement les bras; chaque compagnie, à tour de rôle, manie la pelle et la pioche.

Nos bataillons ressemblent en cela aux cohortes des Romains, dont les légionnaires étaient d'énergiques travailleurs, admirables pour les travaux de siège.

Les autres armées, la Russie exceptée, nous envient fort cette facilité avec laquelle nos soldats deviennent pionniers; quelques nations, l'Angleterre notamment, sont obligées de solder des corps nombreux et embarrassants de terrassiers; d'autres, comme l'Autriche et la Prusse, ont recours à des réquisitions parmi les populations avoisinant la place assiégée.

Nos troupes savent se suffire à elles-mêmes, sans traîner à leur suite une armée d'ouvriers, inutiles pour le combat, sans s'aliéner les habitants par des mesures violentes.

Notre génie donne aux chantiers de fantassins leur direction: par ses officiers jouant le rôle d'ingénieurs, par ses sous-officiers qui sont contre-maîtres, par ses soldats qui sont chefs d'équipe. Cette organisation est la plus logique et la plus avantageuse; nous lui devons nos succès devant Sébastopol.

Le 25, le 26 et le 27 mars, on établit la deuxième et la troisième parallèles, celle-ci à quatre-vingts mètres de la place.

Comme les canonniers s'acharnaient à gêner nos travaux, on organisa des francs-tireurs. Un appel fut fait aux zouaves et aux chasseurs armés de carabines Minié; un grand nombre de volontaires s'offrirent: on choisit les plus adroits. Ils furent installés au faubourg San-Mathias, dans des places d'armes bien crénelées où ils firent leurs aménagements. Chaque tireur étudia sa portée, sa meurtrière, son jour, sa distance; puis, quand tout fut prêt, le feu commença. Les artilleurs ennemis faisaient rage en ce moment; la fusillade des enfants perdus était à peine commencée depuis dix minutes que les servants ennemis étaient décimés.

Chaque balle portait.

Dès qu'un pointeur se couchait sur l'affût pour viser, un coup de feu partait de nos places d'armes et abattait le canonnier ennemi. Parfois une pièce restait silencieuse pendant un quart d'heure, perdant successivement tous ses canonniers.

L'ennemi mit tout en œuvre pour détruire nos créneaux de San-Mathias et leurs tireurs; il ne cessait d'envoyer ses boulets dans cette direction. Cet acharnement piqua nos enfants perdus, qui rendirent œil pour œil, dent pour dent. On s'acharnait contre eux, ils ripostèrent énergiquement.

Les artilleurs juaristes étaient fort braves et très-instruits. Tirés des armées européennes, ils étaient accoutumés à la discipline et sensibles au point d'honneur; nos francs-tireurs causèrent un tort énorme à la défense en ruinant l'effectif de ce corps d'élite. Le feu de la place, fort juste au début, devint nul et maladroit: on s'aperçut bien vite des ravages faits par les balles coniques.

Dès le 28 mars, on s'aperçut que les meilleurs pointeurs étaient morts. L'adresse de nos enfants perdus était merveilleuse.

Un jour, un officier supérieur, en tournée d'inspection parmi eux, entendit un chasseur pousser un juron de mauvaise humeur.

— Qu'y a-t-il! — demanda le commandant.

Le chasseur montra du doigt un artilleur ennemi se débattant sur un affût.

— Je suis un maladroit! — fit le chasseur.

— Mais il est touché! — observa le commandant.

— A l'épaule! — répondit le chasseur, — et je visais la tête. — Puis il reprit: — Je n'aime pas à faire souffrir les gens, voyez-vous, mon commandant; voilà un pauvre diable que j'aurais dû tuer net et qui va *agoniser aux ambulances* par ma fichue maladresse. En Crimée, je ne *ratais jamais ma tête;* ici, voilà la deuxième fois que cela m'arrive. Je me fais vieux. Il me faudra céder mon créneau à un autre.

Nous citons ce dialogue mot à mot; il peint le vétéran des francs-tireurs de pied en cap.

Sûr de son arme, sûr de l'espace, exercé après la huitième balle, chaque enfant perdu faisait des prodiges.

Un jour, un officier d'état-major mexicain criait un ordre à des servants du haut des fenêtres du *Pénitencier*. En même temps, il indiquait le point sur lequel il fallait tirer.

— Malhonnête ! — s'écria un zouave ; — on ne doit jamais montrer personne au doigt.

Il visa, tira et cassa le bras de l'officier ennemi, que l'on vit tomber à la renverse en poussant un cri de douleur.

Les francs-tireurs étaient très-exposés ; car ils excitaient les colères de l'ennemi, qui pulvérisait leurs abris sous les salves de tous ses canons ; mais les vides faits par les boulets se comblaient aussitôt, et les enfants perdus, réparant leurs places d'armes, recommençaient de plus belle.

Ces hommes intrépides jouaient avec la mort, la leur et celle de l'ennemi, comme des enfants jouent avec des osselets.

Les sifflements lugubres de la bombe, les sinistres avertissements des éclats d'obus déchirant l'oreille, le souffle effrayant du boulet faisant le vide, le sang des autres ou le leur, rien ne pouvait tarir la verve railleuse de ces audacieux volontaires.

Chaque matin les paris s'engageaient sur toute la ligne. On entendait un tireur dire à un autre :

— Eh ! là-bas ! je parie la *goutte* que j'abats mon homme avant toi.

— Ça va ! — répondait l'autre.

Et ils guettaient l'occasion.

Un juariste passait.

— A moi ! — disait le premier tireur.

Et l'homme tombait.

Survenait un second artilleur.

— A moi ! — disait le deuxième parieur.

Et l'homme tombait encore.

La partie continuait jusqu'à ce qu'un des deux enfants perdus eût manqué sa cible vivante.

Alors on allait *boire la goutte* aux dépens du vaincu : à moins que le jeu ne cessât brusquement par la chute d'un des partenaires coupé en deux par un boulet.

Les officiers durent intervenir et employer la persuasion pour obtenir des volontaires qu'ils se ménageassent. L'un d'eux, voulant allumer sa pipe, n'y pouvait arriver ; il avait le vent contre lui. Il sauta par-dessus le mur qui le protégeait, et se mit à l'abri du vent ; mais il se trouvait en plein feu ; l'ennemi, l'apercevant, lui lâcha une volée de biscaïens. Le franc-tireur n'en continua pas moins à faire flamber son allumette et il réussit, car il était garé du vent. Avant de remonter, il se retourna et vit une gueule de canon braquée sur lui à une embrasure.

Au lieu de se hâter, il tira gravement sa calotte et salua les artilleurs en leur criant :

— Quand il vous plaira, messieurs !

Mais les autres volontaires, criblant de balles l'embrasure de la pièce, empêchèrent le pointeur de viser, et le coup fut tiré si maladroitement que la charge frappa le sol à demi-portée.

Et tous les tireurs de rire, narguant l'ennemi par des défis ironiques qui devaient faire bondir de fureur les officiers ennemis.

Faire à un seul homme les honneurs de deux coups de mitraille et le manquer, c'est humiliant !

Un de nos lieutenants vint tancer vertement l'auteur de cette action téméraire.

— Il fallait pourtant bien allumer ma pipe ! — dit le franc-tireur.

— Mais s'ils t'avaient tué ?

— Je n'aurais plus fumé !

Le lieutenant tourna les talons et s'éloigna pour cacher son envie de rire.

Les juaristes s'exaltaient souvent de leur impuissance contre nos soldats, qui se plaisaient à leur jouer de mauvais tours.

Les zouaves avaient trouvé chez une modiste, à Cholula, quelques-unes de ces têtes en carton qui servent à ajuster les bonnets et les chapeaux. Ils les avaient rapportées pour les transformer en *pupazzi* et leur faire jouer des tragédies burlesques. Mais ils eurent bientôt l'idée de les employer à faire rager les juaristes.

Ils les emportèrent aux tranchées, les couvrirent de calottes rouges et attendirent la nuit ; se glissant alors en avant de leurs créneaux, ils établirent une embuscade en avant et placèrent les têtes de carton ainsi coiffées de façon à ce qu'elles débordassent du retranchement.

Dès l'aube, l'ennemi aperçut des figures qui regardaient les remparts, ils crurent avoir affaire à des francs-tireurs, et ils firent feu.

La mitraille et les balles hachèrent le sol autour des têtes, qui furent impassibles sous cet orage de fer. Le feu continua d'autant plus ardent que les têtes de carton semblaient railler insolemment les canonniers.

Le Pénitencier, Carmen, San-Inez, se mirent de la partie.

C'était comme un délire contre cette pauvre embuscade qui n'en pouvait mais.

Enfin, malgré les obus de nos batteries et notre fusillade qui gênaient les servants ennemis, deux des têtes furent renversées au fond du fossé. Alors on entendit un hourra de triomphe dans la place. Dans nos rangs on y répondit par un grand éclat de rire. Mais un des nôtres ne voulut pas laisser aux assiégés le plaisir de croire même à un succès. Il courut à l'embuscade, releva une des têtes de carton, la souleva en l'air, la lança vers le fort et revint sans être touché.

Un tonnerre de bravos salua ce trait ; quant aux juaristes ; ils gardèrent le silence en gens confus et mystifiés.

C'est ainsi que nos soldats émaillaient leurs travaux de gais épisodes.

Mais l'heure de l'assaut approchait ; le 28, la quatrième parallèle, à quarante mètres des remparts, était terminée.

Nous avons dit comment le génie creusa ses tranchées, nous allons raconter comment l'artillerie ouvrit la brèche.

LE BOMBARDEMENT.

D'une bombe qui défit un lit. — Obusiers et mortiers. — L'explosion d'une poudrière. — Voyage à travers l'espace sans hélice ni ballon. — Les travaux de nuit ; désastres réparés. — Une anomalie. — Battu en brèche. — Les marins canonniers. — Recettes pour se donner du cœur au ventre. — L'oiseau sans peur ; les chauves-souris. — Une figure héroïque.

Nous avons montré le génie poussant ses chemins couverts, jusqu'au pied des remparts ; l'artillerie avait protégé les travailleurs.

Quoique ménageant ses munitions pour l'heure décisive du *bombardement*, elle avait énergiquement riposté au feu de la place.

Au début, les boulets ennemis arrivaient jusqu'au camp ; le premier jour, une bombe tomba dans une chapelle où logeaient les officiers d'état-major du général en chef ; elle roula tout autour des murs comme une toupie d'Allemagne, renversa les chaises, les tables, les cartes, les plans, puis se logea sous un lit et éclata, brisant la couche et dispersant les couvertures.

Personne ne fut atteint ; les *ordonnances* eurent à refaire le *ménage* de leurs chefs.

Pendant vingt-quatre heures les juaristes s'en donnèrent à cœur joie ; nous ne pouvions leur répondre ; mais notre première batterie fut établie et nos artilleurs ripostèrent.

Cette batterie fut armée de deux mortiers et de quatre obusiers, pièces qui lancent également des projectiles creux, lesquels éclatent en tombant. Mais le mortier fait décrire à la bombe une ligne courbe qui lui permet de passer par-dessus les obstacles, tandis que l'obusier envoie l'obus horizontalement. On obvia à ce grave inconvénient en donnant une forte inclinaison aux obusiers, dont les gueules regardèrent presque le ciel ; leurs projectiles firent alors le même trajet que la bombe. On se trouva fort bien de cet expédient, grâce auquel on n'eut pas trop à souffrir de l'insuffisance des mortiers dont nous ne possédions qu'un très-petit nombre.

Le 26, on tira pour gêner l'ennemi qui battait nos travaux de ses boulets ; nos canonniers firent merveille ; toute la partie gauche de San-Xavier (Pénitencier) fut réduite au silence ; les embrasures furent ruinées et comblées ; les pièces furent démontées.

Une bombe surtout produisit des ravages terribles ; tout d'abord on la crut perdue ; elle s'abattit sur le fort et parut s'enterrer sans éclater. Mais bientôt des cris de terreur vibrèrent jusqu'à nous ; les juaristes s'enfuirent en foule vers le réduit. Nous ne savions que supposer, quand une explosion épouvantable retentit, le sol ondula au loin, les forts tremblèrent sur leurs bases ; le Pénitencier oscilla, tout un bastion s'entr'ouvrit, une lueur immense, gerbe étincelante, monta vers le ciel ; puis, comme d'un cratère, des blocs de fer furent jetés dans l'espace et allèrent retomber au loin...

C'était une poudrière qui sautait.

Un épisode incroyable et pourtant authentique signala cette catastrophe. Un artilleur mexicain fit par la voie des airs le trajet du fort *San-Xavier* au fort *San-Anita* ; il retomba sur le blindage de ce bastion, sans autre blessure qu'une contusion résultant de sa chute sur un gabion. En Crimée, on avait déjà signalé un fait semblable à propos d'un nommé Salognac du 2ᵉ zouaves.

Les ravages étaient grands ; mais en une nuit on répare bien des désastres ; les assiégés se mirent à l'œuvre, relevèrent les parapets ruinés, consolidèrent les embrasures, rétablirent les *plates-formes* et y replacèrent des pièces neuves. Le 27 ils recommençaient à tirer.

On riposta et on ruina encore le bastion de gauche.

Pendant la nuit, les assiégés se remirent encore à la besogne ; on les entendit piocher et *peller* ; un sous-officier du génie se détacha de notre tranchée avec mission de sonder le fossé du fort. Il partit en rampant, muni d'une corde garnie d'un plomb ; mais il fut aperçu.

Cet homme seul causa un tel émoi dans la place, que toutes les pièces qui pouvaient tirer tonnèrent aussitôt ; ce sous-officier fut salué par un orage de mitraille, et pourtant il ne voulait pas prendre la ville à lui tout seul. Après une demi-heure d'un incroyable tapage, les assiégés ne voyant pas paraître nos colonnes d'assaut, comprirent qu'ils perdaient leur poudre et ils cessèrent le feu. Le 28 nous avions construit d'autres batteries, dont une très-audacieusement, à la hauteur de la 2ᵉ parallèle ; celle-là fut achevée en une nuit et fit grand mal à l'assiégé.

La canonnade continua avec le plus grand succès ; ce jour-là une seule pièce du Pénitencier resta en batterie.

On se rend assez difficilement compte de cette singularité que l'assiégeant a besoin de moins d'artillerie que l'assiégé ; cette anomalie apparente s'explique pourtant.

Une ville doit être garnie de canons de tous côtés ; l'assaillant n'attaque qu'un point.

Sur deux cents canons, par exemple, garnissant une enceinte, vingt au plus défendraient ce point. Que l'assiégeant mette en batterie quarante pièces, et il aura la supériorité, et il éteindra le feu du bastion attaqué, et il y pratiquera facilement la brèche.

De plus, l'assiégeant établit ses batteries à distance les unes des autres, toutes convergeant sur le point du rempart où l'effort se porte ; cette action convergente est très-dangereuse.

Le bastion bombardé doit, au contraire, diviser ses feux pour répondre aux différentes batteries de l'assaillant.

Le 29 au matin, on résolut de donner l'assaut à cinq heures du soir. Jusqu'alors l'ennemi avait profité des ténèbres pour remettre le Pénitencier en état, mais, chaque jour, on avait ruiné davantage ce fort, qui se trouvait en très-mauvais état le 29.

Dès l'aube, on tira en brèche ; le vrai bombardement commença ; ce fut une pluie incessante de boulets, d'obus et de bombes. A midi le fort n'était plus qu'un amas de ruines fumantes ; le réduit seul, formé du Pénitencier, restait debout ; mais les canons étaient réduits au silence ; une large brèche s'ouvrait devant nos colonnes.

On continua à foudroyer l'*ouvrage* jusqu'à cinq heures, moment fixé pour l'attaque.

Jamais notre artillerie ne fut plus brillante que ce jour-là ; le capitaine Delsaux qui commandait les canonniers de la marine, se distingua tout particulièrement et fit preuve d'un rare sang-froid et d'un merveilleux coup d'œil. Il a écrit avec ses projectiles sur les murailles de Puebla une page qui comptera comme une des plus belles dans les fastes de l'artillerie française.

Les marins rivalisèrent avec nos vétérans de l'artillerie de la garde, vieux triomphateurs de Sébastopol et de Solferino.

Ils avaient une insouciance qui faisait l'admiration de l'armée ; chaque fois qu'ils envoyaient une bombe, les servants grimpaient sur les parapets, et de là ils regardaient à découvert l'effet du projectile.

Il fallut leur envoyer un ordre sévère pour les empêcher de s'exposer aussi follement.

Quand une fois l'on s'est décidé à en finir avec la peur, rien ne saurait vous ébranler.

Voici la recette que donnait à ce sujet un matelot français à un résident prussien qui lui demandait :

— Comment faites-vous pour demeurer ainsi paisible sous une pluie de plomb ?

— C'est bien simple, allez ! — répondit le marin. — Je me dis, Pierre, mon ami, imagine-toi que tu es mort. Et je me l'imagine.

— Eh bien, après ? — fit le Prussien.

— Après ! — s'écria le marin en riant. — *C'te farce !* après, j'agis en conséquence. Les morts, *ça n'a plus peur d'être tué*.

Et cet autre, donnant une leçon de courage à un novice :

— Tu te plantes en face de l'ennemi, tu enfonces ton béret sur la tête et tu te dis : « Voilà des gens qui veulent vexer le marin français ! » Ton sang ne fait qu'un tour et tu n'as plus peur. C'est comme ça qu'on se donne du cœur au ventre.

Parmi les incidents du bombardement, nous ne devons pas omettre celui-ci. On vit un oiseau, un pauvre petit oiseau, rester fort tranquillement perché sur un gabion pendant plus de deux heures au plus fort de la canonnade ; il ne s'effarouchait ni du bruit, ni de la présence des hommes. Il chantonnait de temps à autre et lissait ses plumes.

Comment une si petite bête n'avait-elle pas peur d'un si grand tapage ?

Enfin un éclat d'obus bouscula le gabion ; alors seulement l'oiseau s'envola.

On remarqua aussi que la nuit la lueur des détonations fascinait une certaine espèce de chauve-souris ; on les vit imiter le manége des alouettes au-dessus des miroirs.

Nous consignons ces détails qui frappent les soldats.

Le rôle de l'artillerie était terminé ; elle avait à soutenir le génie dans sa marche souterraine en faisant diversion au feu de la place ; elle avait enterré sous les décombres les pièces du Pénitencier ; une brèche était pratiquée.

Et ces résultats décisifs avaient été obtenus en quelques jours avec des moyens très-faibles.

Mais nos artilleurs sont les premiers du monde ; leur éducation est parfaite, leurs officiers unissent la pratique à la science ; chefs et soldats sont d'une bravoure à toute épreuve.

Il faut un courage tout spécial à cette arme.

Dans ces duels à coups de canon, l'artillerie doit rester calme au milieu des boulets, sous les éclats d'obus, malgré le bruit énervant des détonations.

Tout tombe autour du canonnier, hommes et murailles ; le sol s'écroule sous ses pieds...

Et plus dur que l'airain de ses pièces, il ne s'émeut pas.

Que la batterie saute !

Si un artilleur a survécu, on le retrouve, assis sur un affût brisé, immobile, au milieu de la dévastation.

Impavidum ferient ruinæ.

Figure admirable, héroïque, sublime, qui domine les batailles et en fixe les destins.

ASSAUT DU PÉNITENCIER.

Description du fort ; machines infernales. — Avant l'assaut, la voix intérieure. — Un fleuve de plomb. — Le choc. — Sésame, ouvre-toi ! — D'étage en étage, sur les toits. — Le fanion ; gare aux ficelles ! — Le génie français. — Une inspiration du général Bazaine. — Retour offensif. — Dernier échec. — Un bilan de gloire.

Au moment de l'assaut, l'ensemble des ouvrages que nous appelons indifféremment *San-Xavier* ou le *Pénitencier*, offrait un rectangle de cent quatre-vingts mètres de long sur quatre-vingts mètres de large ; les deux faces de l'enceinte qui nous regardaient se composaient de plusieurs bastions ; une autre était une courtine, la dernière une lunette.

Nous avions ruiné sur la gauche un des bastions : c'est par là que nous devions pénétrer dans l'enceinte.

Mais au milieu du fort, le réduit restait debout, et ce réduit formidable se composait de l'église San-Xavier et d'un pénitencier, reliés tous deux, offrant trois cours intérieures, un immense dédale de chambres et de couloirs, le tout *bourré* (qu'on nous passe le mot) de défenseurs.

De plus, dans chaque passage, dans les corridors, dans les chambres, étaient entassés des caissons de cartouches auxquels aboutissaient des ficelles tendues au ras du sol. Le soldat, buttant dans ces ficelles, faisait éclater les machines infernales. La garnison connaissant ces piéges, les évitait ; mais elle espérait que nous y donnerions en plein.

Nos soldats, sur les remparts, devaient s'élancer contre ces bâtiments, y enfoncer portes et fenêtres sous la fusillade des étages supérieurs, chasser sept cents hommes de garnison et une réserve de deux mille, puis se maintenir contre les retours offensifs.

Enfin l'ennemi tenait prêtes plusieurs pièces de campagne qu'il n'exposait pas à notre feu, mais qu'il se proposait de démasquer quand nos troupes, se jetant en avant, forceraient notre artillerie au silence. Les ressources des juaristes étaient donc imposantes.

Les colonnes d'attaque se composaient du 1ᵉʳ bataillon de chasseurs, du 2ᵉ régiment de zouaves, plus une réserve fournie par le 3ᵉ zouaves et le 51ᵉ de ligne.

Ces troupes étaient placées dans la quatrième parallèle, à trente mètres des forces ennemies ; le général Bazaine, au milieu d'elles, dirigeait l'attaque.

A quatre heures du soir (19 mars), l'artillerie, qui bombardait depuis le matin, redoubla son action ; elle força la garnison à se cacher dans son réduit.

Chasseurs et zouaves se tenaient dans la tranchée, la carabine couchée le long des talus ; ils étudiaient la position. Le moindre soldat se rendait compte des obstacles et avisait au moyen de les franchir ; chaque capitaine prévoyait le point où sa compagnie se heurterait ; il s'entendait avec ses hommes ; aucun effort ne devait être stérile. Les instructions des chefs, du général au sergent, étaient comprises ; l'entente était parfaite entre les bras et les têtes.

Nulle armée au monde ne saurait donner ce spectacle d'une masse intelligente, raisonnant ses mouvements et unissant tous les avantages de la discipline, de l'impulsion unique, à ceux d'une brillante initiative.

A cinq heures moins un quart, les soldats commencèrent à s'agiter ; on visitait les amorces, on assurait les baïonnettes ; les zouaves serraient leurs ceintures, rabattaient un pan du gilet sur la poitrine pour avoir de l'air, et dégageaient les agrafes des manches pour se donner l'aisance du coup de baïonnette.

Les chasseurs bouclaient leurs ceinturons, déboutonnaient le haut de leurs tuniques et ajustaient leurs képis.

Tous s'affermissaient la main en saisissant leurs armes.

Cinq minutes s'écoulèrent ainsi.

Un silence profond s'était fait.

C'était l'instant suprême où chacun se recueille et appelle à lui son courage ; il n'est personne, jeune ou vieux soldat, qui n'entende alors palpiter sa poitrine. On ne détruit jamais complétement l'instinct de la conservation ; on le comprime par l'énergie de la volonté au début d'une affaire ; les emportements de la lutte l'étouffent ensuite, mais il couve toujours au fond des âmes les plus intrépides.

Ces quelques instants de lutte intérieure sont bientôt suivis d'une réaction énergique ; les têtes se redressent, les signes d'impatience courent dans les rangs. A la dernière minute, les fronts rayonnent, les yeux étincellent, le vieux sang gaulois pétille dans les veines, illuminant les visages de reflets empourprés...

Zouaves et chasseurs étaient superbes de fougue contenue. En voyant ces magnifiques bataillons frémissants d'une martiale ardeur, le général leur jeta un orgueilleux sourire.

Ployés sur eux-mêmes, ramassés comme des panthères prêtes à bondir, ils attendaient.

L'épée du chef se leva, montrant les redoutes.

Un cri rauque, rugissement terrible, retentit ; deux mille hommes, soulevés par le même élan, franchirent les parapets, roulèrent des tranchées aux remparts et s'engouffrèrent dans la brèche, envahissant l'enceinte d'un seul choc.

L'ennemi n'avait pas eu le temps de courir aux remparts.

Mais, revenue de sa stupeur, la garnison parut aux fenêtres et aux innombrables meurtrières du Pénitencier ; la fusillade crépita de la base au sommet de l'édifice ; un nuage glacé, crevant au-dessus d'un champ, ne crible pas les épis de plus de grêlons qu'il ne tomba de balles sur nos colonnes.

Des pièces de campagne, cachées jusqu'alors dans le réduit, furent démasquées et vomirent la mitraille ; les forts voisins, croisant leurs feux sur le point attaqué, inondèrent de boulets les remparts que nous couronnions.

Ce fut un déluge de projectiles ; les biscaïens ruisselaient le long des pentes, comme ces torrents qui coulent, pendant les orages, au flanc des mamelons.

Il fallait remonter ce flot de fer et de plomb.

Une seconde d'indécision, et tout était perdu.

Mais les têtes de colonnes débouchèrent audacieusement dans le bastion et se ruèrent en avant.

Le marquis de Galifet, officier d'ordonnance de l'empereur, avait escaladé les parapets et planté un fanion dans le saillant de l'ouvrage.

Le capitaine de génie de Miribel poussait ses encloueurs aux canons.

Le capitaine d'artillerie Barrillon, debout près de ce fanion, lança dans diverses directions les compagnies courant sous le feu.

Calmes au milieu de cette tempête, les commandants de Courcy et Gautrelet enlevaient leurs chasseurs et leurs zouaves.

Pas un homme ne faiblit; nul n'hésita, tous bondirent.

Le capitaine Escourron, des zouaves, eut le bras brisé; il saisit son sabre de sa main valide et entraîna sa compagnie.

Un clairon de chasseurs, Bonneau, s'installa sur les remparts et sonna la charge à pleins poumons; tous les clairons répondirent, et la fanfare résonna sonore et vibrante au milieu des détonations.

Un hourra immense éclata; les assaillants, fascinés, se ruèrent à l'arme blanche contre le réduit où la garnison s'était retranchée; les barricades, derrière lesquelles les canons tonnaient, furent emportées. Un zouave, nommé Durand, retourna une pièce contre l'ennemi et fit feu: la charge porta au milieu d'une fenêtre et balaya ceux qui la garnissaient. Un groupe d'assaillants pénétra par là.

Au même moment vingt autres issues sont abordées avec rage; les portes brisées s'écroulent; les traverses des meurtrières volent en éclats; les compagnies se jettent à corps perdu dans toutes ces ouvertures; les combattants s'engloutissent dans le réduit.

On dirait que les murailles se sont ouvertes, puis refermées sur eux. Les spectateurs ont un instant de poignante inquiétude: nos troupes ont disparu dans le Pénitencier. Bien des cris effroyables retentissent; on écoute anxieusement; tous les regards sont fixes, les poitrines haletantes.

Mais on voit à travers la fumée les calottes rouges et les képis passer devant les fenêtres; la lueur des détonations éclaire des combats acharnés; la lutte monte d'étage en étage; les juaristes, refoulés, se réfugient sur les terrasses. A peine ont-ils couvert les toits, que les Français y poussent un dernier flot de fuyards et les suivent.

L'ennemi, n'espérant pas de quartier, essaye encore de résister; vaine tentative d'une troupe aux abois.

Un sergent renverse tout devant lui et plante au couronnement de l'édifice le drapeau français (le sergent Florentin des chasseurs); avec lui ont chargé une centaine d'hommes, qui acculent la garnison aux abords de la terrasse. Quelques juaristes sont précipités dans l'espace; les autres trouvent un passage pour redescendre. C'est une voie de salut; ils s'y engagent, mais ils se heurtent contre une compagnie française qui les rechasse à la baïonnette sur les toits.

Alors ils jettent leurs armes et demandent grâce.

On les épargne.

C'est en cet instant qu'un chasseur agita sur la cime du Pénitencier le drapeau tricolore en signe de triomphe; l'armée qui contemplait ce drame, acclama cette victoire.

Le fort était à nous.

Traqués dans les cours, pourchassés dans les corridors, cernés de toutes parts, les défenseurs de San-Xavier périrent ou se rendirent.

Fait d'armes éclatant qui nous couvrait de gloire; car la défense était facile et pouvait être poussée jusqu'aux dernières limites. L'ennemi était encore sous la protection des biscaïens et de la mitraille des redoutes parallèles qui avaient vue sur l'ouvrage. Ayant des pièces de campagne pour remplacer brusquement, lors de notre attaque, les pièces de siège désemparées, pouvant reculer de l'église sur le Pénitencier, d'une cour à une autre, les juaristes avaient toutes les chances pour eux.

Ils furent battus.

La foudroyante rapidité de nos colonnes s'abattant sur eux, l'intelligence de nos soldats, trouvant leur voie au milieu du dédale des chemins et d'inextricables obstacles, et la vigueur incroyable de l'assaut firent notre succès.

Les plus beaux jours de la campagne de Crimée ne virent jamais de valeur plus bouillante.

La *furia* de nos troupes fut indescriptible; elle déjoua toutes les prévisions.

L'ennemi jugeait le Pénitencier imprenable; il comptait principalement sur les machines infernales disposées par tout l'édifice. Mais les nôtres eurent en quelque sorte la prescience de ce danger.

— Gare aux ficelles! — cria le premier qui en vit une.

Et ce mot, répété par tous, mit les nôtres en garde: les pièges furent évités.

La conquête faite, il fallait la garder.

En arrière du Pénitencier s'élevait une seconde enceinte composée de *quadres* (îlots), transformés en redoutes. Là s'abritaient des réservés. Mais les détachements du génie et de l'artillerie, accourus avec l'infanterie, commencèrent cette besogne que l'on appelle *retourner* un ouvrage contre l'ennemi. Notre corps du génie n'a qu'un rival, celui des Russes, moins intelligent que le nôtre, aussi stoïque, presque aussi brave.

C'est une œuvre de géants, nécessitant un immense effort, que celle qui consiste à transformer, en un clin d'œil une forteresse conquise.

Il faut que chacun travaille sous les balles; mais là est la supériorité de nos sapeurs. Ils agissent d'inspiration sans avoir besoin d'être guidés par les chefs, et les soldats d'infanterie leur viennent en aide. Quelques minutes suffirent pour mettre le Pénitencier en défense contre un retour offensif, pour en garnir les fenêtres qui regardaient la ville, percer des créneaux aux murs, barricader les passages.

Bientôt survinrent deux mille hommes commandés par le général Negrete. Ils pensaient tourner la position et pénétrer facilement par un bastion de la gauche, pour se rabattre contre le réduit: mais le général Bazaine avait prévu ce mouvement, et il avait envoyé trois compagnies du 3ᵉ zouaves (réserve) occuper ce bastion.

Cette poignée d'hommes demeura ferme à son poste, sous un feu acharné que dirigeaient contre elle les forts voisins: elle donna un rare exemple de froide bravoure et fit échouer l'ennemi.

Celui-ci fut forcé de mener son attaque de front contre la façade dont nos troupes victorieuses occupaient les ouvertures.

L'adresse de nos tireurs fut telle qu'en dix minutes cinq cents hommes jonchèrent le sol, et que le reste se replia en désordre.

Désormais toute tentative de reprise cessa; mais la canonnade des redoutes ennemies continua, meurtrière, incessante, précipitée.

Néanmoins, nous avions un pied dans la ville et notre armée n'est pas de celles qui marchandent leur sang pour payer leurs lauriers.

Les cadavres entassés des caves aux terrasses prouvaient les énormes pertes de l'ennemi; nous avions fait deux cents prisonniers, pris trois obusiers, une pièce de campagne et deux fanions.

Tel est le bilan de gloire de cette journée mémorable, qui inaugura brillamment le plus brillant des sièges.

GUADALUPITE.

Marche oblique sur les forts. — La sape volante. — Les pétards sous les portes. — Désappointements. — D'un vol rapide sous la mitraille. — Une hécatombe. — Généreuse pitié. — Une page des *Mille et une nuits*.

Le fort San-Xavier était pris ; nous avions rompu sur un point la chaîne de redoutes formant l'enceinte. Dans une place ordinaire, ce succès aurait entraîné la prise de la ville ; à Puebla, il n'en fut pas ainsi.

De la face ouest des fortifications nous ne tenions uniquement qu'un ouvrage ; les autres s'étendaient à notre droite comme autant de citadelles fermées, exigeant chacun un siége spécial, savoir Guadalupite, San-Marco, San-Pablo, le Refuge…

Il fallait les emporter pour être maître de la face ouest ; et ensuite restaient encore les trois autres fronts, formant le carré entourant la ville d'une première ceinture.

Quand on est entré dans une redoute, on peut de celle-là marcher sur les autres et les attaquer à leur gorge, qui est l'endroit faible, par leur côté regardant l'intérieur de la ville, toujours moins défendu.

A Puebla, derrière la première enceinte, les îlots de maisons (quadres reliés entre eux), formaient une seconde enceinte intérieure ; les murs, garnis d'embrasures pour les canons, de meurtrières pour les fusils, vomissaient le feu et le plomb.

Ainsi Guadalupite, fort de sa première enceinte, se trouvait à cinquante mètres de San-Xavier, que nous occupions ; il fallait parcourir cet espace sous la fusillade et la canonnade de la partie de la seconde enceinte tirant à outrance sur la colonne d'attaque.

On conçoit combien ce siége était difficile.

Cette organisation de Puebla avait été imaginée par le général Mendoza, ingénieur instruit, doué d'une brillante imagination et d'un caractère loyal et chevaleresque. Il avait été secondé par des réfugiés de tous pays, maîtres en l'art des barricades.

Notre premier soin avait été de réorganiser le Pénitencier (San-Xavier), de le rendre inexpugnable et d'avoir là une base solide pour les attaques subséquentes. Un boyau de communication avait réuni notre conquête à notre quatrième parallèle.

Le colonel du génie Vialla fit des prodiges en une seule nuit ; si bien que le 31 on fut prêt à marcher contre Guadalupite.

Ce couvent, placé à cinquante mètres, sur la droite, était défendu par une nombreuse garnison. Nous avons dit combien il en était périlleux, sous le feu de la deuxième ligne de défense ; pour nous couvrir de ce feu, le génie essaya d'établir une sape volante de San-Xavier à ce couvent.

La sape volante s'établit ainsi.

Une centaine d'hommes sont munis de gabions vides et de sacs de terre. Une première file pose le premier gabion, l'emplit de terre, puis se retire. La seconde file place le deuxième gabion, puis vient la troisième file, etc., chaque file se repliant à mesure. Ce travail se fait en courant. On parvient ainsi à former un *masque*, qui abrite contre les feux dont on cherche à se couvrir ; on consolide l'ouvrage ultérieurement.

L'on tenta donc cette opération, mais les assiégés nous firent subir de telles pertes, qu'il fallut y renoncer. Hommes, gabions, sacs à terre, étaient renversés par la mitraille. L'impossibilité du succès fut reconnue. Ce que les sapeurs déployèrent de stoïque courage est inouï ; ils se sacrifiaient à l'envi, mais leur généreux dévouement fut inutile.

On résolut alors de lancer les colonnes à découvert. Il fallait une brèche.

Des mineurs du génie eurent l'audace d'aller placer un pétard sous la porte du couvent : ils y mirent le feu, la porte résista ; un second pétard la fit sauter.

Mais notre désappointement fut extrême… derrière la porte s'élevait un mur !

Il fallut renoncer à l'assaut de Guadalupite pour cette nuit (30 avril).

Le lendemain, on avait réussi à amener une pièce de douze dans le Pénitencier ; on ouvrit une embrasure dans la muraille du fort regardant Guadalupite, et l'on mit la pièce en batterie ; mais il fallut surélever la plate-forme pour obtenir un tir plus efficace, et ce travail fut meurtrier. Enfin, le canon tonna et les boulets abattirent un large pan de mur de Guadalupite.

Le général Neigre, qui commandait ce soir-là, avait sous la main, pour l'assaut, le 18e bataillon de chasseurs.

Quand la brèche fut béante, le général lança sa colonne.

De la seconde ligne et du couvent partaient des décharges effroyables ; on se demandait si un seul homme arriverait au pied du fort.

Les chasseurs comprirent que tout dépendait de leur vitesse ; ils se massèrent ; puis, au signal, ils prirent leur élan, qui les porta en un clin d'œil dans le couvent. Ils ne couraient pas, ils volaient ! A peine reçurent-ils une salve de mitraille.

La garnison reçut le choc si brusquement qu'elle fut écrasée ; la lutte fut courte, mais affreuse. Les chasseurs trouvant les compagnies ennemies en travers d'un couloir principal, les abordèrent à l'arme blanche ; en quelques instants quatre cents hommes jonchèrent le sol. Terrible hécatombe au milieu des ténèbres !

Une centaine de juaristes fuyaient ; on les atteignit ; ils se rendirent. Seuls ils échappèrent au massacre.

On leur fit quartier, quoique la loi inflexible de la guerre ordonne de passer au fil de l'épée toute garnison prise d'assaut qui n'a pas voulu capituler.

C'est une des nécessités cruelles des siéges ; on use rigoureusement de ce droit pour décourager des résistances qu'une troupe pousserait à la dernière extrémité, si cette menace ne pesait pas sur elle.

A l'étranger, on n'hésite que rarement à accomplir ces exécutions, mais le soldat français répugne au carnage de sang-froid. Quand il entend demander grâce, il est désarmé.

C'est ce qui est arrivé pour la partie de la garnison prise à Guadalupite ; le reste eût été épargné aussi, mais les premières compagnies voulurent opposer baïonnettes à baïonnettes ; elles furent anéanties en un clin d'œil.

Après avoir emporté le couvent, les chasseurs, sans s'arrêter, pénétrèrent dans plusieurs quadres voisins et s'en rendirent maîtres ; l'ennemi fuyait dans une inexprimable confusion.

Avec une intelligence qui lui fait honneur, cet intrépide 18e bataillon s'arrêta fort à propos à quelque distance du fort San-Marco, qu'il eût été insensé d'attaquer cette nuit-là.

Aussitôt après la conquête, le génie s'empressa de mettre les îlots tombés en nos mains et le couvent de Guadalupite en état de défense, nos sapeurs se multiplièrent selon leur coutume ; nous fûmes solidement établis dès l'aube.

L'ennemi ne tenta, du reste, aucun retour offensif.

Le combat fut fertile en incidents.

A la suite de l'assaut d'un îlot, nos soldats étaient fort occupés à consolider des barricades, quand ils entendirent des bruits de voix venant du fond des caves ; ils y descendirent avec précaution et y allumèrent des torches.

Un spectacle étrange s'offrit à leurs yeux : une sorte

de vaste appartement, somptueusement meublé, se déroulait de voûte en voûte.

Des tapis étaient étendus sur le sol, des sofas et des fauteuils dorés s'adossaient aux murs ; des candelabres étaient suspendus au milieu des souterrains, splendidement illuminés, ces salons étaient animés par la présence d'une trentaine de personnes qui devisaient entre elles.

Il y avait des jeunes femmes charmantes, des hommes, des enfants, des vieillards ; nos troupiers croyaient rêver.

De pareilles surprises ne se trouvent que dans les *Mille et une Nuits;* le sergent Dumanet n'avait jamais vu de ces sortes de spectacles qu'aux féeries de la Porte-Saint-Martin.

Mais quand, après s'être frotté les yeux, nos soldats se furent assurés qu'ils n'étaient point les jouets d'une illusion, quand ils entendirent l'un des plus élégants des jeunes hommes les inviter, en assez bon français, à avancer, ils n'hésitèrent plus à demander des explications.

Ils apprirent que *beaucoup*, nous soulignions le mot avec intention, que beaucoup de commerçants, disonsnous, n'avaient pas voulu quitter la ville et qu'ils y étaient restés avec leurs familles, surveillant leurs marchandises et les protégeant contre le pillage.

Ces marchands préféraient se trouver à Puebla plutôt que dans les bourgs voisins, où les guérillas les auraient dévalisés. Ils savaient n'avoir rien à redouter des Français ; ils menaçaient même de leur vengeance les soldats de la garnison qui cherchaient à voler.

— Si vous nous laissez maltraiter par vos troupes, — disaient-ils aux généraux ennemis, — nous nous plaindrons aux Français quand ils auront pris la ville.

Et les officiers juaristes n'osaient pas trop faire rançonner les bourgeois. Magnifique prestige de notre armée ! Nos soldats avaient donc devant les yeux plusieurs familles de notables qui avaient apporté leurs meubles les plus précieux et leurs richesses dans les caves de cet îlot, le plus solide du quartier.

A l'abri de la bombe, ces citoyens paisibles attendaient là l'issue du siège, ne redoutant qu'une chose, que nous ne fussions pas victorieux. Certes, de pareils faits peuvent paraître incroyables ; mais nous engageons le lecteur à lire les *Bivacs de la Vera-Cruz à Mexico*, par monsieur le marquis de Galiffet, qui a pris part au siège. Ce livre contient de curieux et authentiques détails sur l'attitude des habitants de Puebla pendant le siège.

Voici, du reste, la phrase qui termine un rapport du général Forey à l'empereur :

« Croiriez-vous, sire, que les maisons dont nous nous emparons sont pour la plupart habitées, et que les individus qui s'y trouvent répondent, quand on leur exprime de l'étonnement de les y voir, qu'ils sont habitués à cela ? »

Triste et malheureux pays, que celui où la guerre civile, sans trêve, sans merci, forçait les habitants inoffensifs à prendre de pareilles habitudes !

ASSAUT DE SAN-MARCO.

Les paquets de balles. — Les ponts volants. — Des couloirs malsains. — Une pluie d'humains. — Sans quartier. — Les bourgeois sous le feu. — Gare la bombe ! — Un brave garçon ! — Les *ladrones* (voleurs). — Dans un siècle.

Les bastions de la première enceinte de Puebla, le lecteur s'en souvient sans doute, formaient un carré irrégulier. Nous attaquions la face ouest de ce carré, et nous étions déjà maîtres de deux forts : le Pénitencier et le couvent de Guadalupite. On décida que l'assaut serait donné à un troisième, celui de San-Marco. Il se composait d'une église précédée d'une sorte de portail ; à cette église se rattachaient plusieurs *quadres* considérables, composés de monastères et de maisons particulières.

La position était très-forte.

On se rappelle qu'une deuxième enceinte courait derrière la première ; l'ennemi, abrité derrière cette seconde ceinture fortifiée, balayait l'espace qui s'étendait sur le premier front entre les redoutes que nous avions enlevées et celles que l'on allait attaquer. Comme du Pénitencier à Guadalupite les colonnes avaient dû marcher sous les feux de cette deuxième enceinte, il fallait encore défiler sous ses canons pour arriver au pied de San-Marco.

L'assaut fut donné le 2 avril, à la nuit. Les troupes s'élancèrent avec leur ardeur accoutumée et parvinrent à pénétrer jusqu'à l'église sans subir de grandes pertes, grâce à une course rapide. Une fois arrivée au pied de l'église, la colonne se trouvait à l'abri des feux de la deuxième enceinte ; elle s'organisa sous une sorte de portail, puis s'engagea dans l'édifice.

Mais pour y pénétrer, il fallait traverser une cour et quitter le portail, où l'on était à couvert ; la garnison occupant les terrasses et les fenêtres tirait à outrance.

Nos soldats imaginèrent de faire une décharge générale contre l'ennemi et d'en profiter pour bondir ; les balles tombant par paquets aux meurtrières et aux croisées, intimidèrent la garnison, qui se retira des créneaux. Nos compagnies profitèrent de ce répit pour avancer, et elles s'engagèrent dans l'église.

Il y eut dans l'ombre un engagement furieux à l'arme blanche, mais tout l'avantage était pour nous. Formés à l'escrime, n'hésitant jamais, ayant l'œil prompt et la main sûre, doués d'une prodigieuse agilité, nos fantassins faisaient des massacres épouvantables dans ces mêlées.

Après avoir balayé les nefs, les colonnes escaladèrent les escaliers conduisant aux terrasses ; elles poussaient la garnison la baïonnette aux reins, espérant faire un grand nombre de prisonniers quand l'ennemi serait arrivé sur les toits. Mais les juaristes avaient établi des espèces de ponts volants qui leur donnaient accès sur les bâtiments voisins ; ils y passèrent, coupèrent les communications, et nos troupes déconcertées ne purent atteindre les fuyards.

Cependant l'église était à nous ; mais on devait s'emparer de plusieurs *quadres* sans lesquels San-Marco eût été difficile à garder.

Des tireurs furent disposés sur le sommet de ce monument pour protéger la marche de la colonne contre les îlots ; de l'église, ils *canardaient* les maisons. Sous leur feu, on continua l'attaque et l'on entra dans les *quadres*, qui presque tous étaient des cloîtres.

L'ennemi, assuré d'une retraite facile, se tenait dans des chambres donnant sur des corridors ; des trous percés aux murs lui permettaient de nous fusiller à bout portant. Si l'on enfonçait les portes des salles, il se sauvait par les fenêtres et gagnait l'îlot voisin. La nuit était sombre ; on n'y voyait pas. Là était le plus grand obstacle, car on n'osait s'aventurer au hasard, dans la crainte de tomber au milieu de quelque embûche.

Les officiers, voyant l'obstacle, se dévouèrent ; ils demandèrent des torches au génie, les allumèrent, et s'offrant en pleine lumière aux coups de l'ennemi, ils guidèrent leurs hommes à travers les labyrinthes que formaient les couloirs.

La lutte prit bientôt des allures rapides ; la garnison fut chassée de maison en maison jusqu'à la dernière et la plus forte de toutes. Là, les juaristes, poussant la résistance à ses extrêmes limites et se croyant sûrs de pouvoir se replier au moment critique, tinrent ferme. Puis ils savaient que nous faisions quartier, et ils abusaient de notre penchant à la longanimité.

Cette fois, ils lassèrent notre patience. Trop longtemps

ils avaient, invisibles derrière leurs abris, semé la mort dans nos rangs. L'assaut fut donné à la maison ; mais une compagnie la tourna d'un côté, une section la cerna de l'autre. Puis, à un son de clairon, tout le monde s'élança, et les juaristes trouvèrent toutes les issues fermées. La garnison, épouvantée, se sentit perdue ; elle se battit désespérément ; ce fut en vain : en deux minutes, le bâtiment fut fouillé des caves aux greniers.

Pour échapper à nos baïonnettes, les juaristes sautèrent par les fenêtres ; pendant quelques instants il plut des hommes dans les cours. Quelques-uns en furent quittes pour le saut ; le plus grand nombre se brisèrent sur les pavés.

La leçon profita. L'on put s'apercevoir que dans les attaques suivantes les troupes compromises n'attendaient plus le dernier instant pour se rendre, et ces capitulations épargnèrent bien du sang aux deux partis.

La prise de San-Marco devait avoir un grand résultat. De ce point, nous menacions par derrière le fort Morelos, qui se trouvait dans le front sud de la place ; la garnison incendia cet ouvrage et l'abandonna après en avoir encloué les canons.

Nous avions donc en nos mains presque tout le front ouest de la première enceinte et un coin du fort sud ; c'était un beau résultat. Nous pouvions attaquer la seconde ceinture. Par suite de ces conquêtes, la garde des forts nécessita un nombre considérable de soldats ; le service devint très pénible.

La situation des gardiens des quadres était fort périlleuse ; on se trouvait à dix ou douze mètres de l'ennemi sur presque toute la ligne ; on se fusillait par les meurtrières à si courte distance, que les balles entraient facilement dans les créneaux ; les deux enceintes se touchaient presque. Sans cesse on se tenait sur le qui-vive ; d'un bond nous pouvions sauter sur l'ennemi, et lui sur nous.

Ce que nos troupes imaginèrent d'habiles combinaisons pour s'abriter est impossible à dire. Jamais le Français ne fut plus fécond en ressources ; on fit des prodiges.

La population (quatre-vingt mille âmes environ), n'avait pas évacué la place. Au milieu de nous, vivant dans des transes perpétuelles, se trouvaient les habitants ; on leur procurait des abris par son encaissement dans les caves. Il est impossible de rester un mois au fond d'un souterrain ; ces pauvres bourgeois montaient de temps à autre pour respirer l'air pur ; bientôt les boulets les chassaient dans leurs souterrains.

Nos soldats appelaient ces malheureux *les lapins de Puebla*, parce qu'ils végétaient dans des terriers, en proie à des paniques continuelles.

On avait d'eux grande pitié, mais on riait de leur poltronnerie.

Lorsque l'on est familiarisé avec la guerre, on y juge froidement les périls ; on sait se garer des peurs imaginaires ; quand, par exemple, on se trouve sur un point abrité des feux par son encaissement on entend fort tranquillement le sifflement des obus qui passent au-dessus de l'abri, mais pour l'homme qui manque d'habitude, tout semble présage de mort immédiate.

Une balle bourdonne-t-elle à son oreille, il se baisse. Un projectile éclate-t-il hors de portée, il se jette à plat ventre.

La crête d'une gabionnade est-elle ébréchée par un boulet, il s'enfuit en rampant.

Et remarquable observation, si un homme est blessé, ce sera celui-là immanquablement.

Nos troupiers assistèrent à des scènes désopilantes.

Un jour, un pauvre diable se tenait coi dans une cour, frissonnant à chaque coup de canon, humant sa provision d'air et prêt à se sauver. Le bidon d'un fantassin se détache et tombe du haut d'une banquette où le soldat occupait un créneau ; le Mexicain croit qu'un obus avait roulé près de lui, il se couche affolé d'effroi.

— Gare ! — lui criaient les troupiers, — gare la bombe ! Ne bougez pas !

Et le pauvre diable ne bronchait pas ; il attendait toujours la détonation.

De longues minutes, des siècles pour lui, s'écoulèrent ainsi. Et les soldats de répéter :

— Gare ! gare ! Couchez-vous !

Enfin las d'appréhender ainsi la mort qui ne venait pas, notre poltron se releva, bondit vers l'entrée de la maison et ne fit qu'un saut pour regagner les caveaux.

Tous les habitants ne poussaient pas la poltronnerie à ce point.

Un jeune homme prit parti pour l'intervention et combattit dans nos rangs ; il fut de tous les assauts et guida souvent nos colonnes. Il rendit de grands services, en reconnaissance de la probité de nos troupes.

Il était fils d'un riche commerçant.

Un jour, nos soldats eurent besoin de démolir un pan de mur dans la maison qu'habitait cette famille ; ils y trouvèrent en une cachette des valeurs considérables. Au bruit de la démolition, le commerçant et les siens accoururent poussant des cris de désespoir qui nous étonnèrent beaucoup.

— Qu'avez-vous ? — leur demanda-t-on.
— Vous avez trouvé notre trésor ! — s'écrièrent-ils.
— Eh bien ! après ?
— Nous sommes ruinés.
— Mais pas du tout.

Et on leur remit la somme sans en ôter un denier.

Le vieux père sauta au cou d'un officier ; le fils s'engagea dans la légion mexicaine ; mais il offrit de servir momentanément dans la ville.

On accepta avec empressement.

Ce jeune homme périt dans un assaut en montrant la voie qu'il fallait suivre pour s'emparer d'un quadre.

On lui fit de belles funérailles, et, sur sa tombe, son père, auquel nos officiers prodiguaient des consolations, leur dit en pleurant ce mot significatif :

— Du moins, il n'est pas mort pour des *ladrones* (voleurs) !

Il faisait allusion aux déprédations commises pendant le siège par les guérillas juaristes.

Dans un siècle, les descendants de cette famille attesteront par leurs traditions que nous fûmes des adversaires honnêtes et loyaux, autant que vaillants, alors que des pillards éhontés, Carvajal et tant d'autres, rançonnaient les populations.

ATLISCO.

Les réquisitions. — Mon colonel, sauvez-vous ! — Un officier prussien. — Le plan du colonel Brincourt. — Les hommes à casques et les casques à plumes. — Les chevaliers du Miroir. — Les lazos coupés. — Le prêté rendu. — Le combat du géant. — Le pressentiment et la mort. — Le señor Miguel-Gallos et les chemins de traverse. — Le triomphe.

Pour faire vivre notre armée devant Puebla, il était nécessaire de pousser des pointes sur les bourgs voisins et d'y *réquisitionner* des grains et des bestiaux. Ces reconnaissances n'étaient pas d'une exécution facile ; Comonfort occupait tout autour de nous d'excellentes positions, et nous risquions de heurter l'un de ses corps d'armée.

Déjà il y avait eu à Choluda un magnifique combat.

Le 13 avril, une petite colonne reçut l'ordre de se diriger sur Atlisco, pour en ramener du maïs ; elle était aux ordres du colonel Brincourt, du 1er zouaves.

Elle se composait de quatre escadrons de chasseurs d'Afrique (deux du 1er régiment et deux du 3e), d'une section d'artillerie de montagne appartenant à la marine, et commandée par l'enseigne de Nans ; de six compagnies de zouaves du 1ᵉʳ régiment et d'un grand convoi.

Cette armée en miniature arriva devant Atlisco vers le soir ; la ville était entourée de retranchements que personne ne défendit. Nos troupes s'installèrent dans les maisons pour y passer la nuit.

Le colonel prit ses renseignements.

Les habitants, sous le coup d'une terreur profonde, on saura pourquoi, n'osaient pas répondre aux questions qu'on leur adressait. Enfin, un ennemi du parti de Juarez se décida à faire des révélations à nos officiers.

— Les Français sont perdus, — dit-il, — s'ils ne fuient pas au plus vite.

— Vraiment ! — fit-on. — Et pourquoi ?

— Parce que, — répondit-il, — ce matin une forte division occupait la ville. Elle s'est repliée à votre approche pour vous inspirer confiance ; elle occupe des hauteurs à quatre ou cinq mille pas de ce bourg. Demain elle vous attaquera à la pointe du jour.

— Combien les juaristes ont-ils de fantassins ? — demandèrent tranquillement nos chefs.

— Cinq mille peut-être ! trois mille au moins !

— Et de cavalerie ?

— Douze à quinze cents chevaux.

— C'est bien !

Et l'on renvoya ce brave homme.

Il crut et annonça probablement que nous allions nous retirer pendant la nuit ; les habitants s'y attendaient ; mais nos soldats s'endormirent paisiblement sous la protection de leurs grands-gardes et des vedettes.

Les Mexicains nous regardaient comme des fous d'avoir négligé l'avis salutaire qu'on nous avait donné.

Le lendemain, à l'aube, le sous-lieutenant Compagny de Courvières reçut ordre de gravir une petite colline, située aux portes de la ville, et d'observer le terrain avec son peloton de chasseurs. Cet officier était accompagné par un officier supérieur de l'armée prussienne, détaché auprès de notre état-major par son gouvernement.

Une heure auparavant, les deux escadrons du 1ᵉʳ chasseurs s'étaient dirigés vers Matamoros pour y rassembler des vivres, ils devaient explorer toutes les fermes sur leur passage.

Notre peloton d'observation ne tarda pas à voir l'ennemi dessiner son offensive ; sa cavalerie descendait dans la plaine et se disposait à manœuvrer pour couper et disperser ces escadrons que nous avions détachés, et qui étaient fort loin de nous déjà, tout à fait hors de vue, ignorant le danger.

Voici le plan du terrain de combat ; il fera comprendre à nos lecteurs comment un chef habile et énergique sait organiser une victoire.

Qu'on se représente une chaîne de montagnes courant devant Atlisco à une lieue de cette ville.

L'infanterie ennemie et son artillerie occupaient ces hauteurs ; la cavalerie en descendait pour gagner le chemin de Matamoros et se porter sur les derrières des escadrons détachés de ce côté, qu'elle espérait surprendre et envelopper. Elle passa une *barranca* (ravine) et fut bientôt assez proche de la voie qu'elle voulait prendre.

C'est alors que le colonel Brincourt exécuta sa manœuvre adroite et audacieuse. Il se porta par une route qui allait aux montagnes, entre l'infanterie ennemie, garnissant les crêtes, et la cavalerie, descendue dans la plaine ; il s'établit en avant d'un pont, qui assurait au besoin sa retraite sur Atlisco : il se trouva de la sorte en position d'empêcher les escadrons juaristes de se replier sur leurs bataillons, et d'immobiliser ces derniers s'ils descendaient au secours de ceux-là.

Pendant ce temps, le colonel lançait au galop ses deux derniers escadrons (3ᵉ chasseurs) et celui du colonel allié de La Pena, dans la direction de Matamoros, avec ordre de longer le cours d'eau parallèle à la route, de dépasser les lanciers juaristes qui se portaient contre nos escadrons expéditionnant au loin par là, de leur faire tête, et, dès qu'on leur aurait coupé le passage en traversant le ruisseau, de les rejeter sur le point que le colonel gardait avec ses zouaves. Si nous nous sommes clairement expliqué, on voit la situation.

Les escadrons juaristes, repoussés par les nôtres, devaient chercher à gagner leurs montagnes, comptant sur leur infanterie ; mais celle-ci, paralysée par la nôtre, n'oserait pas quitter sa position, ou si elle l'osait, on la culbutait ; les lanciers viendraient donc se heurter à nos baïonnettes.

Mais il fallait de rudes soldats pour exécuter cette combinaison hardie ; nos trois cents chasseurs et les cent vingt auxiliaires mexicains allaient se trouver en face de douze cents lanceros, commandés par Etchegaraï, un des meilleurs généraux de l'armée juariste. Ces lanceros étaient une troupe superbe, fort bien équipée, armée supérieurement et montée admirablement ; c'était l'élite de la cavalerie mexicaine : un grand nombre de gentilshommes servaient dans ses rangs ; presque tous les soldats étaient de race pure — descendant directement des conquérants espagnols. — L'ennemi comptait beaucoup sur ces beaux escadrons.

Nos chasseurs n'hésitèrent pas cependant à s'engager franchement contre cette division redoutée qui s'était acquis un grand renom pendant les guerres civiles. Nos escadrons se dérobant derrière le rideau d'arbres qui garnissait les rives du cours d'eau parallèle à la route, gagnèrent du terrain avant que les lanceros n'eussent atteint cette route.

Les nôtres se démasquèrent alors et prirent leurs dispositions pour passer le ruisseau ; l'ennemi se forma pour les recevoir.

Le colonel de La Pena occupa son attention sur la droite, recevant sa fusillade et y répondant ; nos chasseurs, appuyant sur la gauche, lancèrent leurs chevaux à l'eau et franchirent les rives.

Les juaristes auraient dû saisir ce moment pour charger ; soit surprise, soit présomptueuse confiance, soit manque de coup d'œil, ils ne vinrent à nous qu'après nous avoir laissé le temps de nous établir en avant du *rio* (petite rivière).

L'aile droite juariste s'ébranla alors pour fondre sur nous.

Pour les deux partis, la retraite était périlleuse.

En arrière, nous avions le rio, où nous eussions été précipités.

Ils avaient en queue la barranca (ravine), qu'ils avaient franchie et qu'il leur eût fallu repasser en cas de défaite ; puis, au delà de ce ravin, était notre infanterie ; mais ils ignoraient sa présence.

Quand monsieur de Tucé vit l'aile qui nous chargeait à bonne portée, il commanda : Sabre en main !

Les lames, dégagées des fourreaux, jetèrent des éclairs. L'ennemi s'arrêta. Les escadrons engagés parurent désirer l'arrivée de leur centre et regretter de s'être imprudemment aventurés. Mais monsieur de Tucé, devinant cette indécision, se jeta sur eux avec ses chasseurs.

Les lanceros commirent la faute énorme de tirer ; ils nous couchèrent en joue et nous envoyèrent une décharge qui ne nous arrêta point et leur donna deux désavantages ; d'abord ils eurent à peine le temps de reprendre leurs lances, puis ils n'eurent plus assez de champ pour se lancer contre nous, et ils reçurent notre choc sur place. Nous avions tout le bénéfice de notre élan vigoureux.

La plupart de ces lanciers étaient couverts de casques rutilant au soleil. Ces coiffures dorées étaient empanachées de plumes dont l'effet pittoresque ne manquait pas de grâce. Nos cavaliers, sachant qu'un coup de sabre sur un cimier est perdu, s'étaient promis de pointer les poitrines, les têtes de leurs adversaires étant protégées.

Ils arrivèrent la lame haute, avec la rapidité d'une avalanche. Le front ennemi était hérissé d'une forêt de lances aux fers acérés, mais les rangs étaient mal affermis ; ils oscillèrent à l'approche de nos escadrons. Ce frémissement, qui fait onduler une ligne de bataille comme un frisson de fièvre secoue le corps d'un homme, est un signe précurseur de la défaite. En effet, les lanciers entamés, coupés, traversés, se débandèrent.

Dans la chasse, quelques chasseurs ayant, par hasard, frappé les casques, s'aperçurent qu'ils étaient fabriqués avec de minces lames de fer blanc et qu'on les coupait facilement.

— Aux casques ! aux casques ! — crièrent-ils aux autres.

Et les voilà hachant à outrance, avec une joie d'enfant et des rires bruyants, ces malheureuses coiffures et les pauvres têtes qui étaient dessous. Les cimiers, les crinières, les pompons, les panaches, les plumes volaient sous le tranchant des sabres et jonchaient le sol de leurs débris ; c'était un curieux et amusant spectacle. Il n'y a que les Français pour saisir ces sortes d'à-propos à la guerre.

Pendant que cette débâcle se complétait, l'aile gauche de l'ennemi essayait d'empêcher de La Pena et ses auxiliaires de passer ; mais le brave colonel allié, ripostant à un feu très-vif, parvint à se porter sur l'autre rive, après une perte d'hommes considérable qui ne le découragea pas.

Monsieur de Tucé ralliait alors ses escadrons et se rejetait sur le centre juariste. De La Pena chargeait l'aile gauche, et toute la ligne ennemie, craignant d'être anéantie comme son aile droite, se hâta de franchir la barranca pour éviter d'y être massacrée dans une fuite trop tardive ; sage manœuvre qui fait honneur à Etchegaraï. Au même moment, le ralliement sonnait pour les nôtres ; monsieur de Tucé voulait poursuivre sa victoire.

Un groupe de Français, devançant le gros de nos forces, atteignit l'arrière-garde ; quelques hommes intrépides se dévouèrent pour la couvrir. Un colonel juariste, occupant seul un passage, attendit nos cavaliers le revolver au poing.

Le capitaine valaque Yarka, servant volontairement dans nos rangs, tenait à bonne distance la tête de notre avant-garde improvisée ; il engagea un combat singulier avec le colonel ennemi, reçut deux balles dans sa coiffure et tua son adversaire.

Les juaristes se sentant plus solides avec un ravin devant eux, le bordèrent de tirailleurs et nous attendirent ; ils pensaient que nous n'oserions jamais nous enfoncer dans cette gorge. Mais nos chasseurs, entraînant l'escadron de La Pena, bondirent dans la barranca, et leurs montures arabes, pareilles à des chèvres, les portèrent sur la crête du talus.

Un beau fait d'armes signala cette escalade. Quatre chasseurs, obliquant un peu trop pour trouver une pente plus douce, furent cernés par un fort détachement ; ils se défendirent avec fureur ; mais les lanceros les lassèrent et les firent prisonniers. Les malheureux Français, étranglés par les lazos, étaient entraînés derrière les chevaux par les cordes attachées aux pommeaux des selles.

Tout à coup un cavalier accourut à leur secours, coupa les cordes du tranchant de son sabre et sauva nos chasseurs. C'était de La Pena en personne !

Bientôt une nouvelle bataille recommença.

En tête des escadrons juaristes s'étaient placés les fameux chevaliers du Miroir ; c'étaient des fanfarons de vaillance qui portaient sur le devant de leurs casques, et enchâssées dans le métal, de petites glaces, en signe de défi à l'ennemi de s'approcher d'assez près pour s'y regarder. On n'est pas plus ridicule. Les chevaliers et leurs miroirs furent mis en un clin d'œil dans un piteux état.

Une mêlée nouvelle, ardente, mais de courte durée s'engagea ; les lanceros plièrent et s'enfuirent poursuivis l'épée dans les reins vers la montagne, où leurs réserves les attendaient ; mais soudain ils débouchèrent sur l'infanterie française.

C'en était fait d'eux si leurs officiers, avec un sang-froid qui leur fait honneur, n'eussent crié aux nôtres : *Amigos !* (amis.)

Au milieu de la poussière, les zouaves crurent avoir affaire à nos alliés : ils laissèrent défiler les fuyards sans tirer ; tout à coup parurent les chasseurs, qui, rugissant de voir échapper leur proie, hurlèrent :

— Feu ! Feu !

Les compagnies purent envoyer une décharge ou deux, qui firent grand ravage ; puis nos obusiers lancèrent des volées d'obus qui éclatèrent au plus épais des groupes et arrêtèrent, maint cavalier dans sa course par leurs éclats meurtriers. Néanmoins, sans la ruse des officiers juaristes, toute cette cavalerie était anéantie ; les zouaves, au désespoir, s'arrachaient leurs calottes, et, de rage, les foulaient aux pieds. Mais qu'y faire ?

Il fallait bien se consoler.

Du reste, les chasseurs, infatigables, talonnaient les débris des ex-formidables escadrons d'Etchegaraï et les houspillaient de belle façon en queue, pendant que nos projectiles les foudroyaient en tête. Ils les menèrent, ainsi battus, jusque sous leurs canons.

Aussitôt, tout le corps d'armée, craignant de nous voir donner l'assaut à la position, se retira et disparut.

Dans cette poursuite, on fit nombre de prisonniers, dont un de la plus haute importance, le segnor don Miguel Gallos, intendant de Comonfort, que l'on trouva muni de pièces qui nous servirent beaucoup.

Ce personnage très-influent, comptant sur son cheval, un *mustang* magnifique, se sépara du gros des fuyards pour prendre à travers champs ; mais l'un de nos officiers, monsieur Compagny de Courvières, se douta que ce cavalier devait être un chef supérieur ; il se lança après lui. Habile écuyer, monsieur de Courvières sut gagner sur l'intendant et il eut l'audace de continuer la chasse presque jusqu'au pied des batteries.

Là, il cria à don Miguel de se rendre ; mais celui-ci éperonna son mustang ; alors, l'officier de chasseurs se décida, quoiqu'à regret, à faire sentir la pointe de son sabre au segnor intendant ; cette piqûre désagréable décida ce dernier à s'arrêter et à demander quartier. Prenant sous le feu du mustang, monsieur Compagny de Courvières ramena le cheval et l'intendant vers Atlisco, où on acclama le vainqueur.

Trois épisodes de ce combat sont restés gravés dans la mémoire des chasseurs d'Afrique.

L'un, c'est le *prêté rendu*.

Un officier avait sauvé l'un de ses amis au combat de Cholula.

A Atlisco, cet officier se trouva seul au milieu d'un groupe nombreux ; il allait succomber quand son camarade, tombant comme une bombe au milieu des lanceros, en tua quatre et le dégagea. A eux deux, ils exterminèrent une dizaine de juaristes.

Il paraît que jamais on n'expédia plus prestement de vie à trépas un parti ennemi.

L'autre trait est le *combat du géant*.

Un juariste de taille colossale, qui maniait une lance démesurée avec une rare adresse, avait couché sur le sol plusieurs des nôtres. Monsieur Compagny de Courvières, qui est, nous a-t-on dit, de taille ordinaire, se mesura avec ce gigantesque adversaire et lutta pendant deux minutes au moins avec lui, ce qui est énorme au milieu d'une mêlée. Ce fut un vrai combat à l'antique.

Les troupes des deux partis se heurtaient autour des deux champions, cherchant à les dégager : notre officier avait à parer les coups que les lanceros lui portaient par derrière ; le juariste écartait de sa lance, avec une prestigieuse habileté, les chasseurs qui poussaient sur lui.

Enfin, monsieur Compagny de Courvières, après une passe très-brillante, perça son adversaire de part en part ; ce fut le signal de la déroute.

Tous nos officiers furent du reste, ce jour-là, *étourdissants de crânerie*, c'est le mot d'un résident étranger qui fut spectateur du combat ; les faits d'armes se succédaient avec une rapidité inouïe.

Nous citons encore le trait d'un chasseur nommé Chausard, qui mourut bizarrement.

Le matin même il avait dit à ses camarades, en buvant la goutte :

— J'ai un pressentiment. Je mourrai aujourd'hui. Nous trinquons pour la dernière fois. — On riait ; on croyait à une plaisanterie. — Je vous assure, — dit Chausard, — que *je recevrai mon affaire ce matin*. Mais, du moins, j'aurai la consolation d'en découdre.

Ce cavalier, ayant cette conviction, voulut s'en donner à cœur joie avant de *passer l'arme à gauche ;* nous citons sa phrase. Il était si bien persuadé de ce qu'il avançait, si décidé à venger d'avance son trépas, qu'il ôta sa veste et retroussa ses manches ; puis il choisit le tas le plus épais et s'y jeta tête basse, poussant, poussant toujours et frappant en aveugle. Il arriva ce qui devait arriver, il fut tué ; le pressentiment n'y était pour rien, ou du moins, s'il contribua à sa mort, c'est qu'il lui inspira cette folle pensée de se précipiter tête basse dans le danger.

Les honneurs de la journée furent pour le colonel Brincourt, qui avait montré un grand talent de tacticien dans l'organisation de sa petite armée, et pour le chef d'escadron de Tucé, qui déploya autant de froide et intelligente bravoure que le célèbre général Lassalle, dont il rappelle le tempérament militaire. Les résultats de cette victoire fut considérables.

Les deux escadrons du 1ᵉʳ chasseurs, que le général Etchegaraï cherchait à couper, purent se replier sur Atlisco, ramenant des haciendas éparses sur la route de Matamoros un riche convoi. Notre colonne expéditionna fort paisiblement dans les fermes voisines d'Atlisco, enfin notre prestige sur la population fut immense.

Quand nos cha-seurs rentrèrent à Atlisco, ils portaient tous des lances et beaucoup tenaient en main des chevaux enlevés aux juaristes ; presque tous aussi étaient coiffés de casques ramassés sur le terrain, et sur lesquels était marquée la trace des coups de sabre.

Les habitants d'Atlisco, en nous voyant revenir couverts de ces dépouilles opimes, nous, qu'ils avaient crus perdus ! poussèrent des clameurs d'enthousiasme et furent, dès lors, acquis à notre cause.

Ce brillant combat fut mis à l'ordre du jour de l'armée.

Le général en chef décora le colonel de La Pena de sa main pour avoir sauvé quatre chasseurs ; la cérémonie impressionna vivement les auxiliaires et nous les attacha plus que jamais.

C'était à la fois faire acte de justice et de bonne politique que de récompenser la valeur de ce chef allié ; les Mexicains nous en surent gré.

L'armée, ce jour-là, salua de ses acclamations le colonel de La Pena.

De ce jour aussi furent fondées deux réputations militaires, celles du colonel de Brincourt et du commandant de Tucé.

ASSAUT DE SAN-AGUSTIN.

Gueule à gueule. — Une brèche trop étroite. — Sous un déluge. — Cernés. — Brûlés vifs ! — une capitulation glorieuse. — Les honneurs volontaires.

Trois assauts nous avaient déjà donné la face ouest de la première enceinte et un angle de la face sud, on résolut d'attaquer la deuxième enceinte pour se faire jour jusqu'au centre de la ville, où se trouvait la cathédrale, formant la citadelle, ou réduit central.

C'était le cœur de la défense ; cette redoute centrale enlevée, la lutte devenait impossible aux assiégés. On dirigea les travaux contre l'église de San-Agustin (deuxième enceinte), arsenal formidable que protégeait une ceinture de quadres. L'artillerie battit en brèche un de ces îlots ; on ouvrit une embrasure dans les murailles de San-Marco, qui était à nous et qui touchait presque à cet îlot ; l'on pointa une pièce sur le mur faisant face à notre meurtrière ; les boulets y firent une étroite coupure. Ces travaux et ce bombardement, extrêmement difficiles et meurtriers, prirent trois jours.

L'ennemi faisait l'impossible pour nous empêcher d'avancer, car le quadre attaqué était en arrière de San-Agustin, et, si nous l'enlevions, nous tournions ce fort.

Enfin, le 6 avril au soir, la brèche, quoique fort étroite, se trouva praticable. On massa alors une demi-section de zouaves, puis de sapeurs du génie, et une compagnie de zouaves du premier régiment, dans la maison la plus voisine de l'îlot ennemi.

Voici quelle était la situation :

Qu'on s'imagine quatre quadres isolés par deux rues formant une croix. Dans un de ces quadres les Français ; en face, le quadre à emporter avec la rue à traverser.

Puis les deux autres quadres, appartenant à l'ennemi, et réunis par une barricade que enfilait la rue que nous devions franchir. Sur cette barricade, des pièces chargées à mitraille ; aux fenêtres et sur les toits des bâtiments, des tirailleurs plongeant sur la rue ; sur toutes les terrasses avoisinantes, des petits canons de montagne.

Toutes ces bouches de fer et ces gueules de bronze étaient prêtes à tonner sur ceux qui tenteraient de passer. Le tir, rectifié depuis longtemps, était fort juste, même la nuit ; enfin, la brèche ne descendant pas jusqu'à la base du mur, était peu praticable, et si étroite que deux hommes seulement pouvaient s'y engager à la fois.

Certes, il fallait une rare audace à la tête de colonne pour tenter cette attaque. Le sergent-major Merlier commandait les dix-sept zouaves qui devaient frayer la route.

Il fut prêt quand la nuit fut sombre.

On avait miné à coups de pioche un pan de la muraille de notre quadre ; à un signal, on y fit une trouée préparée à l'avance. Au bruit, les juaristes prirent les armes ; mais déjà la section avait traversé la rue.

Soudain le feu éclate sur toute la ligne ennemie, et les sapeurs qui suivent les zouaves sont écharpés.

La compagnie de soutien, les voyant hésiter, accourt, entraînée par le lieutenant Galland, gagne la brèche et la franchit ; derrière lui, ses zouaves se pressent. Mais l'ouverture, trop resserrée, ne livre accès qu'à deux hommes, et la barricade tonne à vingt pas de là.

Une partie des zouaves entre dans le bâtiment, le reste est couché sur le sol. Le chef de bataillon Cariolet, voyant sa tête de colonne logée dans la brèche, malgré des pertes effrayantes, lance ses zouaves en avant ; mais il tombe mort, et avec lui des rangs entiers ; une compagnie de réserve n'attend pas les ordres, elle descend dans la rue.

Son capitaine est tué raide ; le lieutenant reçoit trois blessures. Un sergent est traversé par dix-huit balles, et les zouaves, foudroyés, se pressent en vain au pied du passage ; ils sont emportés par la mitraille qui les anéantit. Une dizaine d'hommes seulement avaient pu se hisser sur la brèche et courir au secours de la tête de colonne, lorsque les débris du bataillon dispersé sous les projectiles se replièrent.

Cinq minutes de plus, et pas un homme n'aurait survécu.

Un volcan en éruption peut seul donner une image du feu infernal qui partait de la ligne ennemie.

Le général de Berthier calcula ce qu'il était nécessaire de sacrifier d'hommes pour en faire arriver une centaine à l'îlot attaqué ; il eût fallu en donner un millier en pâture aux canons. Trente zouaves au plus avaient pénétré ; on n'entendait qu'une faible fusillade dans le quadre où ils étaient ; on les supposa tués ou faits prisonniers. Le général fit boucher le mur par lequel on était sorti ; puis on attendit le jour.

Mais tout à coup des clameurs vibrèrent, et le bruit d'une lutte terrible arriva jusqu'à nous. Les zouaves vivaient encore et se battaient avec fureur ; il était trop tard pour les secourir.

Monsieur Galland, à la tête de trente-cinq hommes environ, avait trouvé une cour de l'autre côté de la brèche ; il avait enlevé un rez-de-chaussée, puis poussé plus loin.

Les juaristes, un instant démoralisés, se replièrent ; mais en comptant leurs adversaires, le courage leur revint : ils reprirent l'offensive.

Enveloppés bientôt, les zouaves se retranchèrent dans un pavillon ; ils attendaient des renforts. Pendant deux heures ils repoussèrent l'effort d'une garnison nombreuse, appuyée par ses réserves. Les Français maintinrent jusqu'à neuf heures un passage libre entre eux et la brèche ; jusqu'alors ils pouvaient se retirer. Chaque fois que les juaristes essayaient de leur couper cette retraite, ils chargeaient et se dégageaient.

Mais une compagnie fraîche arriva, qui, se ruant dans une salle vide, isola la poignée de Français au centre du rez-de-chaussée, cerné de tous côtés.

Monsieur Galland eut le courage inouï de lutter quand même ; il disposa son monde par groupes et entretint le feu en ménageant ses munitions.

— Rendez-vous ! — cria un colonel ennemi.
— Non ! — répondit-il.
— Non ! non ! — crièrent les zouaves !

Les Mexicains chargèrent ; ils furent reçus avec une vigueur telle, qu'ils se retirèrent pour s'embusquer derrière des abris. Une heure encore ils fusillèrent nos soldats, qui ripostaient lentement, mais sûrement.

Enfin, un parlementaire s'avança :

— Voyons ! — dit-il aux Français, — c'est de la folie ! Vous ne pouvez vous échapper ; capitulez, vous aurez la vie sauve ; sinon on vous passera au fil de l'épée.

— Venez-y ! — cria un zouave, — nous vous attendons pour en découdre !

— Croyez-vous que nous nous laisserons embrocher comme des mauviettes ? — demanda un autre.

Un éclat de rire accueillit cette réponse qui excita la colère de l'ennemi.

Un général se mit à la tête d'une colonne et attaqua ; les zouaves, se battant comme des lions refoulèrent encore les assaillants.

Mais l'ennemi occupait les étages supérieurs et coupait les poutres des plafonds à coups de hache ; longtemps encore nos soldats luttèrent héroïquement ; enfin de larges ouvertures furent faites au dessus de leurs têtes, et par ces trous on les accabla de torches embrasées !

La position était horrible.

Le feu prenait au pavillon ; les plafonds craquaient et menaçaient de s'effondrer ; les balles pleuvaient plus que jamais.

— Allons une sortie ! — cria le lieutenant Galland à ses zouaves. Et ils allaient, lui et eux, se ruer dans la cour avec l'espérance de mourir après avoir fait payer chèrement leur trépas. Mais au bout de l'étage supérieur, la voix d'un officier ennemi offrit quartier ; les Mexicains redoutaient ces lions aux abois. — Quartier, non ! — cria le lieutenant ; — capitulation, soit !

— Accepté ! — cria une autre voix (celle du général Mendoza, croyons-nous) ; — vous avez la vie sauve et vous serez bien traités, je le jure sur l'honneur. Mais hâtez-vous, le plancher s'écroule ! — Puis la même voix ajouta : — Des diables incarnés, ces zouaves !

Les Français rendirent leurs armes aux Mexicains ; le pavillon fut évacué : il était temps. On le vit bientôt s'effondrer.

La garnison entourait notre petit détachement au milieu d'une cour. Chaque soldat ennemi voulait toucher les zouaves ; ces prisonniers excitaient l'admiration de leurs adversaires.

— Ils tiennent à s'assurer si nous sommes de chair et d'os, — disaient nos soldats en voyant cette étrange curiosité.

Une bombe française vint à tomber dans la cour ; tous les juaristes se couchèrent à plat ventre ; mais, par fierté, pas un des nôtres ne bougea.

Le hasard fit que les éclats tuèrent plusieurs Mexicains sans toucher aux Français.

Le danger passé, la garnison en se relevant vit les zouaves debout, dédaigneux et calmes ; on entendit des murmures d'admiration courir dans les rangs ; nos adversaires échangeaient des réflexions sur ce fait, insignifiant en apparence, mais qui produisit grand effet.

Quand on emmena le détachement, les juaristes se rangèrent instinctivement pour lui faire honneur.

Ainsi se termina cette lutte héroïque.

Au dehors, il avait été impossible de recommencer l'attaque.

En vain le colonel des zouaves et tout le régiment supplièrent-ils qu'on le laissât courir à la brèche ; le général de Berthier ne voulut pas le leur permettre ; c'eût été envoyer à la boucherie un millier de braves gens, et ce, sans espérance de succès.

Le général, pour ôter toute tentation à ces bouillants soldats de contrevenir à ses ordres, fit boucher l'ouverture faite à notre îlot et y mit une garde.

Pour donner une idée de la quantité de projectiles qui sillonnaient la rue, nous citerons ce fait qu'une poutre tombée sur les pavés fut réduite en débris menus dans l'espace de cinq minutes.

Le lendemain, les éclats de bois eux-mêmes avaient été balayés.

Nous avions échoué dans cette attaque de San-Agustin ; mais peut-on être repoussé plus glorieusement ?

On prit des mesures pour continuer la lutte, en attendant, on fit bonne garde.

Le 15 avril, l'ennemi s'avisa de vouloir tenter une sortie ; ce fut le 7ᵉ bataillon de chasseurs qui reçut leur colonne ; elle fut repoussée très-brillamment dans la place ; ce fait montra à l'ennemi qu'il n'était pas de taille à nous donner des assauts.

LE REDAN DE L'USINE.

Un quadre formidable. — On a souvent besoin d'un plus petit que soi. — Un truc de théâtre. — Bataille sous terre. — Les femmes pueblitaines. — La Jeanne Hachette de Puebla. — Une vengeance mexicaine. — Un mariage *in extremis*. — Une fortune pour un coup de feu.

Maîtres du front ouest et de l'angle du front sud de la première enceinte, nous avions voulu entamer la seconde ceinture de fortifications par la prise d'un îlot, qui eût tourné la formidable église de San-Agustin.

Nous avons vu le 1er zouaves échouer dans son assaut, et sa tête de colonne rester enfermée dans un pavillon, où elle avait dû se rendre. L'ennemi, fier de ce succès, exposa les uniformes de ses prisonniers pour nous narguer, et ses musiques vinrent jouer la *Marseillaise* derrière les murs qu'ornaient les dépouilles de nos frères d'armes.

Cette bravade nous exaspéra.

Mais on préparait une nouvelle tentative contre trois îlots qui nous devaient mener derrière San-Agustin et le mettre en notre pouvoir.

Le 3e zouaves fut chargé de venger l'échec du 6 avril : on lui donna la mission d'emporter les quadres désignés. Trois compagnies du 18e chasseurs soutenaient le bataillon engagé, et le colonel Mengin dirigeait l'attaque, qui était hérissée de difficultés.

Ces trois îlots reliés composaient une masse de trois forts puissamment armés.

Le plus important renfermait une usine dont les Mexicains avaient fait un réduit comme jamais redoute n'en posséda. Qu'on s'imagine une cour bordée sur trois faces par des pavillons ; la quatrième face, celle qui nous regardait, était fermée par un redan à deux fronts et par conséquent angulaire, chaque front s'appuyant à une aile de l'usine.

Autour de l'usine, un fossé de quatre mètres de largeur et d'autant de profondeur ; au fond des pieux pointus et des chausse-trappes.

Le parapet du redan avait cinq mètres d'épaisseur ; les talus étaient consolidés par des madriers de chêne formant arcs-boutants. Toute la garnison du réduit était abritée par des tambours, c'est-à-dire couverte par des espèces de voûtes blindées.

Les autres faces de la redoute étaient d'une solidité à toute épreuve ; les pavillons, crénelés et garnis de défenseurs nombreux, n'étaient percés d'aucune issue. Il ne fallait pas songer à escalader les murs des maisons : les fenêtres et les portes du rez-de-chaussée étaient bouchées et cimentées.

On devait donc aborder la position par le redan.

Mais outre les difficultés de franchissement des fossés, nos soldats étaient exposés au feu des créneaux qui garnissaient les faces latérales et la face du fond de cette forteresse, en quelque sorte imprenable.

Pour donner à la garnison de la fermeté et lui enlever la crainte d'être coupée dans sa retraite, on avait creusé de larges passages souterrains de ce quadre aux autres. Cette certitude de n'être point tournés rendait les juaristes très-solides ; de plus, parfaitement couverts par leurs tambours, bien abrités derrière leurs créneaux, ils n'avaient qu'à faire feu sans danger.

Jamais on ne vit tant d'obstacles accumulés contre un assaut.

Mais toutes ces défenses devinrent inutiles ; nous ne les avons décrites qu'à titre de curiosité et pour montrer combien les assiégés avaient d'avantages sur nous. Jamais, dans aucun siége, on ne vit pareille disproportion entre les moyens des assaillants et ceux de la garnison. Toutefois ce fort fut enlevé presque sans coup férir, grâce à l'un de nos auxiliaires. Nous avons raconté qu'un habitant avait pris fait et cause pour nous, à la suite d'un trait de générosité de nos soldats. Ce jeune homme, qui connaissait le quartier, donna le moyen de s'emparer de l'usine.

Il conseilla d'ouvrir une brèche sur un point qu'il indiqua, se faisant fort de pénétrer de là au cœur de la position.

L'artillerie se mit en batterie, démolit un mur, et la colonne s'élança ; elle se trouva bientôt dans des caves bâties à demi en dehors, à demi en dedans du sol, dans le genre de celles de Bercy. C'étaient les écuries de l'usine qui couraient sous le pavillon du fond du réduit.

La garnison, qui croyait le passage inconnu de nous, l'occupait mal ; il fut forcé sans peine, et nos soldats envahirent les chambres.

Les juaristes prirent la fuite en foule, se jetant dans les galeries souterraines pour gagner les îlots voisins ; nos zouaves, voyant disparaître l'ennemi comme par enchantement, furent d'abord stupéfaits. Quand ils virent, par un truc de théâtre, les compagnies s'enfonçaient dans la terre ; mais les zouaves sont gens à poursuivre leurs adversaires partout, même au fond des enfers. Ils se jetèrent dans les galeries et s'y heurtèrent contre des masses humaines entassées dans ces couloirs étroits. La presse était telle, que les juaristes étouffaient sans avancer. Quand ils sentirent les baïonnettes, ils firent des efforts si violents que les groupes de têtes engorgés furent écrasés et broyés. Il y eut là des scènes épouvantables.

On tirait au milieu des ténèbres.

Les nôtres poussaient les fuyards, qui s'égorgeaient entre eux pour se frayer passage.

Les conduits retentissaient de blasphèmes, de plaintes déchirantes, de hurlements furieux, de râles étouffés et de rauques soupirs.

Le massacre était hideux ; la terreur poussée à son paroxysme rendait l'ennemi enragé et féroce ; les derniers égorgeaient les premiers ; ceux-ci, déjà exaspérés contre leurs camarades, se retournaient une fois dégagés, et fusillaient à la sortie ceux qui les avaient blessés. Nous, ardents à la poursuite, nous épargnions pourtant le plus possible ces affolés de la peur.

Nous fîmes deux cents prisonniers.

On déboucha avec les fuyards d'un quadre dans l'autre, et tout fut emporté d'un seul élan, presque sans combat.

Très-peu des nôtres furent blessés ; parmi eux, le marquis de Gallifet, un intrépide soldat, reçut un éclat d'obus qui lui ouvrit le ventre ; on déplorait déjà sa perte, chacun le croyait mort et regrettait ce vaillant officier, dont on désespérait.

Un chirurgien d'un rare talent, le docteur Hounau, sauva le blessé. Ce fut une cure merveilleuse dont toute l'armée sut gré au savant praticien qui rendit tant de services au corps expéditionnaire.

Le fort et son *système* étaient à nous. Au matin, l'on prit encore un îlot voisin, presque sans combat, par un brillant coup de main.

Dès lors, l'ennemi, consterné, perdit l'espoir de sauver San-Agustin.

Ce puissant arsenal, presque enveloppé par nous, allait tomber forcément entre nos mains ; l'ennemi l'évacua le 21 avril, après l'avoir incendié. Soixante maisons et un édifice immense brûlèrent en une nuit, nous donnant le magique spectacle d'une œuvre de destruction grandiose et sinistre qui frappa de stupeur les malheureux habitants de Puebla.

Au matin, ils contemplèrent en pleurant ces ruines fumantes ; ils maudirent cette armée nationale qui avait jeté la torche dans le sanctuaire le plus vénéré du Mexique. Ils se rallièrent à nous plus que jamais, quand on leur apprit que du sommet de Cerro-Juan, nous aurions pu bombarder la ville et la réduire en cendres; mais que nous avions eu pitié des habitants et que nous n'étions pas de ceux qui se livrent à d'inutiles barbaries.

Ils nous surent un gré infini de réduire notre canonnade à l'ouverture des brèches.

Dès lors, ils furent à nous de cœur.

Les femmes surtout embrassèrent notre parti avec enthousiasme; elles avaient l'audace de se montrer sur les terrasses pour maudire les juaristes et les invectiver à la mode mexicaine.

Les femmes, il faut en convenir, sont foncièrement braves; elles n'ont jamais peur qu'à la surface : c'est une affaire d'éducation. Mais pour peu qu'elles prennent intérêt à une cause, elles la défendent avec une rare énergie.

La cantinière est le plus intrépide soldat d'un régiment.

A Puebla, quelques jeunes filles du peuple avaient eu à se plaindre des juaristes, gens peu délicats dans leurs procédés envers le sexe faible; elles en conservaient une vive rancune contre nos adversaires et nous excitaient à combattre.

L'une d'elles, armée d'une carabine, se posta à un machicoulis qu'elle se tailla elle-même dans le parapet d'une terrasse, et elle ne cessa de fusiller la garnison qu'à la reddition de la place.

Une autre fut plus énergique encore. Deux compagnies enlevaient un quadre; une jeune femme venait d'y être maltraitée par les juaristes. Elle entendit le bruit de la lutte, s'arma d'une hache et se jeta au milieu d'un flot de fuyards, traçant un sillon sanglant. Elle avait nom Juanita.

Nos fantassins lui firent une ovation et la surnommèrent la Jeanne Hachette de Puebla.

Enfin, on raconte le trait suivant :

Deux vieillards, le mari et la femme, avaient été cruellement frappés par l'ordre d'un officier, parce qu'ils avaient refusé une certaine somme à ce misérable, indigne de porter l'épaulette, ex-brigand, du reste, avant de s'être engagé sous les drapeaux de Juarez.

La jeune fille était intervenue, on l'avait flagellée.

Quand l'îlot où elle habitait fut en notre pouvoir, elle guetta une occasion favorable, cherchant à deviner quel régiment se trouvait en face de sa maison. Un jour, elle reconnut l'uniforme de celui auquel appartenait l'officier qui lui avait infligé la torture révoltante.

— Qui de vous est bon tireur et ne craint pas la mort ? — demanda-t-elle au détachement de garde ce jour-là ?

— Moi ! — dirent plusieurs hommes.

Elle choisit l'un de ces volontaires et l'entraîna avec elle dans une cave.

— Voilà un soupirail, — lui dit-elle;— il nous permet de sortir sur le flanc de cet îlot. Nous n'aurons qu'à sauter dans la brèche. Je te montrerai un officier, et tu le tueras. La moitié de ma fortune est à toi.

— Hum ! — fit le fantassin, — je ne me bats pas pour de l'argent : ça ressemble à un assassinat, ce que vous me proposez.

— Mais c'est une vengeance ! — fit-elle.

— Pour vous plaire, je ferais bien des choses, — dit le soldat. — Cependant il me répugne de tirer sur un homme plutôt que sur un autre.

— Est-ce vraiment pour ce motif, et non par peur que tu hésites ?

— Parbleu ! — fit le soldat.

— Eh bien! donne-moi ta main.

— Pourquoi ?

— Donne toujours.

Le fantassin, que la jeune fille brûlait de son regard de feu, tendit sa main, qu'elle saisit.

— Me veux-tu pour fiancée ? — lui demanda-t-elle alors. — Je suis riche et mon cœur n'a jamais aimé.

Le Français trouvait la scène étrange, mais la Pueblitaine le fascinait en dardant sur lui ses grands yeux noirs; il accepta avec enthousiasme. S'il eût reculé devant cette offre séduisante, il n'eût été ni soldat, ni Français.

— Me voilà tienne maintenant, — lui dit alors la jeune fille. — Tu vas me venger? L'officier dont je veux la mort m'a fait battre de verges.

— Il fallait donc le dire tout de suite ! — s'écria le soldat. — En avant! et mettez-vous derrière moi.

Mais, sortant par le soupirail avec lui, elle courut à la brèche.

— Le voilà ! — dit-elle, montrant du doigt, dans une cour, un officier assis et fumant.

Le Français épaula, visa et tira, et le juariste tomba. Tous deux alors rentrèrent dans les caves; mais ils avaient essuyé le feu de la garnison, qui avait saisi ses armes. En chemin, la jeune fille tomba; elle était blessée. Le soldat l'emporta.

— Un prêtre! vite un prêtre ! — demanda-t-elle d'une voix affaiblie.

On courut et l'on ramena un *padre* mexicain.

— Mariez-nous, mon père ! — dit-elle au milieu de son agonie.

Et cette dramatique union s'accomplit *in extremis*, car deux heures après, la jeune fille mourait, laissant une fortune considérable à son vengeur.

C'est un des mille romans vrais que vit ce siège bizarre, si fertile en incidents invraisemblables.

ACAPULCO ET SAN-PABLO.

D'une interjection qui fut sublime ! — Pêle-mêle héroïque. — Erreur n'est pas compte. — Hachez menu. — Un beau trépas. — Surprise fâcheuse. — Les déserteurs. — Drame héroïco-burlesque en plusieurs tableaux.

Le lecteur se rappelle qu'assiégeant la ville sur une seule face, nous l'enveloppions cependant tout entière par une ligne de troupes dite d'investissement.

Un corps d'armée ennemi, venu de Mexico, nous observait à distance, et, sous les ordres de Comonfort, cherchait à jeter un renfort et un convoi dans la place, en attaquant du dehors un point de notre ligne d'investissement, pendant que la garnison, faisant une sortie, chercherait à lui donner la main sur le même point.

La ceinture de redoutes et de fossés dont nous entourions la place, était très-vaste, un cercle de huit lieues environ ; les attaques et la garde des quadres, déjà emportés, nous prenaient beaucoup de monde ; nous ne disposions donc que de peu de forces pour maintenir le blocus, que Comonfort chercha à rompre, le 5 mai, pour la première fois.

Il envoya un corps de cavalerie, soutenu par l'infanterie, vers San-Pablo-del-Monte, avec mission de prendre à revers notre redoute de San-José; la garnison de Puebla, prévenue par des signaux, se portait aussi contre cette redoute, qui, défendue par une seule compagnie, attaquée de deux côtés à la fois, se trouva très-menacée. Mais le général L'Hériller lança contre la cavalerie de Comonfort un escadron de chasseurs d'Afrique qui dégagea le derrière de la redoute et livra un immortel combat.

Mille hommes étaient en bataille devant cet escadron ; il avait ordre de les arrêter.

La disproportion de forces était effrayante ; mais le commandant de Foucault, qui conduisait l'escadron, fut héroïque ; jamais homme de guerre n'a été plus intrépide, plus chevaleresque que ce vaillant cavalier ne le fut ce jour-là.

Il avait sous ses ordres deux capitaines d'une rare valeur, des officiers d'une trempe énergique que rien ne pouvait arrêter, et les soldats étaient taillés sur le patron des chefs.

Les puissants escadrons de Comonfort étaient développés en arrière d'une barranca (ravine); c'étaient les plus beaux régiments de l'ennemi; ils avaient un aspect formidable.

De Foucault laissa errer un instant son regard d'aigle sur leur ligne qui s'étendait immense devant lui.

Mille chevaux! C'était un vaste front de bataille pour son petit escadron.

Tout à coup, se retournant vers ses hommes, il parut les consulter :

— Eh! — fit-il en levant son sabre.

Rien ne saurait traduire ce geste et cette interjection.

— Hourra! — crièrent les chasseurs.

Et le commandant, sûr de ses hommes, se lança en avant.

A partir du premier choc, la mêlée ne cessa plus.

Du point où ils étaient, les Mexicains furent chassés jusqu'à la ferme d'Acapulco, sans trêve, sans répit. Les chasseurs, hachant sans cesse, lions au milieu d'un troupeau effaré, se tinrent toujours au cœur de la masse, qui les entraînait en quelque sorte dans sa fuite.

Le torrent des vaincus emportait les vainqueurs.

On gagna ainsi la ferme.

Le bâtiment regorgeait de troupes d'infanterie.

Les généraux ennemis, voyant leur cavalerie se replier, bride abattue, crurent que tout un corps d'armée française poursuivait cette troupe; ils évacuèrent la ferme.

Les escadrons juaristes, supposant celle-ci toujours en défense, reprirent un peu de cœur en y arrivant; ils firent tête.

Les chasseurs se ruèrent la pointe haute et trouèrent tant de poitrines que la déroute recommença; mais de Foucault était tombé percé d'un coup de lance. Son trépas fut celui du lion blessé; il avait fendu la tête du cavalier qui lui avait porté cette blessure, puis il avait vidé les arçons en criant : Chargez!

Mais il avait vu, dans son agonie, un de ses officiers, monsieur James, et deux soldats, Imbert et Bordes, sabrer dix hommes et enlever le grand étendard de l'ennemi. C'est au moment où il levait le bras en leur criant : Bravo! qu'il avait rendu le dernier soupir.

La charge se poursuivait ardente et échevelée.

Les chasseurs voyant leur chef rouler sur le sol, avaient poussé de vrais rugissements de tigres : le capitaine de Montarby en tête, ils avaient fondu sur les groupes épars qui se débandaient en s'apercevant que la ferme était abandonnée par l'infanterie.

Pendant une heure encore, nos cavaliers repoussèrent devant eux ces nuées de fuyards qui tourbillonnaient sous leurs sabres.

Enfin les cinq mille fantassins dont disposait Comonfort s'étaient rendu compte du petit nombre de Français qui balayaient les masses de cavalerie; ces bataillons se formèrent en ligne derrière un ravin et mirent en batterie une nombreuse artillerie.

Le brave capitaine de Montarby fut grièvement blessé au moment où l'escadron arrivait en présence de cette ligne; il se retira.

La situation devenait dangereuse : l'attaque eût été insensée; la retraite était hérissée de difficultés.

Il fallait se replier pendant un long espace sous le choc des cinq ou six cents lanciers survivants, qu'encourageait cette marche rétrograde.

Le capitaine Naigeon, un vétéran de nos guerres algériennes, n'avait plus que cent dix hommes valides pour opérer son mouvement en arrière et protéger, l'espace de plusieurs lieues, son convoi de blessés, qui était considérable.

Il eut l'heureuse conception de gagner la ferme d'Acapulco, située à mi-chemin de nos camps; il comptait s'y défendre en attendant des renforts.

Les escadrons juaristes, aussitôt que les chasseurs firent demi-tour, les enveloppèrent et chargèrent; mais le capitaine Naigeon les reçut avec une telle vigueur, qu'il dégagea ses blessés et découragea les assaillants; ceux-ci toutefois se mirent à cribler la colonne de leurs balles, et ils menaçaient de l'anéantir dans sa marche par un feu violent.

Le capitaine, habilement secondé par ses officiers, disposa ses chasseurs en tirailleurs, rendit feu pour feu, et éloigna les lanciers les plus audacieux par des engagements à l'arme blanche chaque fois que la position devenait trop difficile.

C'est ainsi que l'on arriva à la ferme, qui domine une vaste étendue de terrain.

Le capitaine Naigeon abrita ses blessés dans le bâtiment, fit mettre pied à terre à son escadron, occupa un mur extérieur qui entourait le rancho et établit ses chasseurs aux angles de ce mur, en couvrant les abords par des chariots renversés.

Les cinq mille fantassins de Comonfort, suivant leur cavalerie, accoururent; leur avant-garde essaya en vain d'aborder le rancho.

Survinrent cinquante grenadiers du 99ᵉ de ligne qui, dès le début, avaient eu ordre d'appuyer l'escadron de nos chasseurs; cette brave section avait suivi leurs traces: elle arriva à point pour les soutenir.

Les têtes de colonnes de Comonfort se heurtèrent en vain contre la ferme ainsi protégée; elles attendirent des renforts et bientôt tout ce corps d'armée fut réuni, avec son artillerie il marcha contre le retranchement.

Mais alors, et sans qu'il fût aperçu, survint le brave général L'Hérillier avec trois compagnies de zouaves et deux obusiers de montagne. L'ennemi avançait toujours, ignorant la présence de ces troupes.

Le général L'Hérillier sut cacher sa présence et montrer une fois de plus sa rare habileté pour les coups de main.

Au moment où les juaristes comptaient écraser nos chasseurs décimés, les obusiers tonnèrent, trouant leurs rangs; les zouaves, poussant leur rauque cri de guerre, se jetèrent à l'arme blanche sur la tête de la colonne que les chasseurs abordèrent en flanc; ce fut une des plus belles surprises de cette guerre.

Le corps d'armée juariste ne résista pas à ce choc inattendu, il fut culbuté et disparut bientôt à l'horizon, nous laissant victorieux.

Le terrain était, comme toujours, semé d'armes, de cadavres et de mourants.

Nos soldats rentrèrent au bivac couverts des dépouilles de leurs adversaires, ramenant les prisonniers et portant en berne le magnifique étendard de la cavalerie si glorieusement battue par nos chasseurs d'Afrique.

Mais cette lutte avait une double face. Pendant que l'escadron de Foucault dégageait les derrières de San-José, dans cette lutte qui rappelle les exploits chantés par les poëtes du moyen âge, cinq mille hommes de la garnison accablaient notre redoute par devant, avec obus et leur fusillade; la poignée d'hommes qui se trouvait là appartenait à l'héroïque 99ᵉ de ligne; elle se maintint à son poste. Ces braves fantassins tinrent le corps d'armée ennemi en échec si longtemps, que les renforts purent être dirigés à propos; un bataillon, un escadron et deux pièces de canon, dissimulant leur marche, débouquèrent brusquement contre les troupes composant la sortie, et les chargèrent sous les ordres du colonel d'Osmont. Celui-ci brusqua son mouvement avec tant d'à-propos, que les juaristes s'enfuirent précipitamment dans la ville. On leur appuya un *chasse* si vigoureux qu'ils *prirent leurs jambes à leur cou*; ils reçurent huit ou dix volées d'obus, qui activèrent encore la déroute.

Les rires ironiques de nos soldats saluèrent leur rentrée en ville.

Une fois abrités dans leurs remparts, les assiégés, furieux de la leçon qu'ils avaient reçue, coururent aux canons et firent feu de toutes pièces ; cette colère enfantine et impuissante excita la verve joviale de nos troupiers, qui narguaient la garnison en agitant leurs képis.

Un épisode comique ajouta encore à notre gaieté et à l'exaspération de nos adversaires.

Une trentaine de poltrons de chez eux s'étaient cachés dans un petit ravin pour ne pas prendre part au combat ; quand ils s'aperçurent que la lutte était terminée, ils sortirent de leur embuscade et voulurent regagner la place ; mais les batteries tiraient à ricochet, en rasant ; les pauvres diables crurent que leurs chefs, pour les punir de leur lâcheté, cherchaient à les écharper ; ils se rejetèrent vers nous ; puis, indécis sur notre accueil, ils s'arrêtèrent à distance.

Pour les encourager, on leur tendit les bras ; prenant la chose au sérieux, ils accoururent et se jetèrent au cou de nos soldats, les embrassant avec l'effusion de fieffés trembleurs qui viennent d'échapper à la mort.

Là scène était désopilante.

Il fallait entendre leurs imprécations contre Ortega. Ils l'envoyaient à tous les diables.

Puis, saisis d'enthousiasme pour nous et de rancune contre les juaristes, ils se retournèrent en masse, et, à l'état-major qui du haut des clochers lorgnait cette scène, ils envoyèrent une insulte par geste, dont la nique, le pied-de-nez, le coup de jarret réunis ne sauraient donner une idée.

Ce trait des Mexicains ; ils montrèrent les poings aux déserteurs, et le bombardement redoubla ; mais les fuyards, plus que prudents, se jetèrent au plus vite dans une barranca voisine, d'où l'on alla les chercher pour les mener au camp. Inutile de dire qu'on ne chercha pas à enrôler ces foudres de guerre dans le corps de Marquez ; on avait eu un trop bel échantillon de leur vaillance.

En somme, cette journée du 5 mai, anniversaire de notre échec de Puebla, fut signalée par deux victoires.

Et l'ennemi, qui comptait célébrer par un triomphe la date d'un facile succès, fut battu à plate couture.

Le siège continua à la suite de cette vaine tentative pour le faire lever.

SANTA-INEZ.

Une batterie aérienne. — Invectives et dédain. — Un orage malencontreux. — L'eau dans les mines ; le feu aux fourneaux. — D'une brèche incommode. — Les tigres en cage. — Cernés — D'un échec qui fit l'effet d'une victoire. — On pense à se rendre.

Notre but était d'arriver au cœur de Puebla et d'emporter sa cathédrale, qui servait de citadelle.

Sur la première enceinte, nous occupions, du carré qu'elle formait autour de la ville, le côté ouest (Pénitencier, Guadalupito, San-Marco), plus une section de la face sud (Morelos).

A la suite de Morelos venait Carmen, aussi sur le sud ; la possession de cette redoute nous facilitant notre marche en avant sur le centre de la ville, on résolut de l'emporter ; établis dès lors sur les deux fronts de la première enceinte, nous faisions feu de face par le front ouest, feu de flanc par le front sud contre les forts qui allaient s'étageant de la deuxième enceinte à la cathédrale, âme de la défense, réduit central qui commandait à toutes les autres positions, et qui, s'il tombait entre nos mains, déterminait la reddition de la place. Donc, on avait à s'emparer de Carmen et de tout le front sud de la première enceinte.

Au lieu d'agir directement sur Carmen, on crut pouvoir en débusquer l'ennemi par un moyen indirect.

On se souvient que nous avions entamé la seconde enceinte, en face du front ouest de la première. Nous y tenions un grand fort, l'*Usine* et plusieurs quadres.

Or, à droite de cette usine se trouvait également, dans la deuxième enceinte, le couvent de Santa-Inez. Cette redoute, si nous y entrions, dominant Carmen et étant située en arrière de lui, les juaristes se voyaient forcés de l'évacuer.

D'une pierre on faisait deux coups ; d'un seul assaut on prenait deux forts.

On travailla en ce sens.

De tous côtés nous organisions les îlots conquis, nous y retranchant solidement et les reliant entre eux ; çà et là on complétait notre occupation partielle par la prise isolée soit d'une maison, soit d'un îlot, coups de mains fréquents dont nous ne saurions donner les détails.

Ces travaux retardaient notre marche ; ils expliquaient la lenteur forcée de nos progrès.

Ce fut alors que l'on essaya d'engins bizarres pour franchir les rues sous la mitraille. On construisit un blokhaus monté sur des roues et garni d'artillerie ; on plaçait au milieu de la voie à traverser cette batterie volante, qui couvrait nos bataillons et ripostait à l'ennemi. Mais cette machine fut pulvérisée en cinq minutes. On renonça à ce système pour essayer d'un autre.

Nos soldats reçurent des planches blindées ; ils plaçaient ces boucliers immenses devant eux de façon à en former une cloison dans la largeur de la rue ; derrière cet abri, on lançait la colonne.

Cette espèce de tortue romaine ne nous causa que des embarras ; on revint à notre première manière : lancer des compagnies sur les quadres après avoir fait brèche.

Dès le lendemain de la prise de l'usine, nos marins construisirent sur le clocher de l'église San-Ildefonse une batterie aérienne.

Il fallait avoir le diable au corps pour imaginer de placer des canons si haut ; le général en chef, curieux de voir cette merveille, vint là visiter. Nos obusiers, plongeant dans la ville, causèrent grand mal à l'ennemi ; nos matelots, ivres de joie, dansèrent sur la terrasse quand le premier projectile partit. Les juaristes occupant une grande cour se croyaient bien à l'abri : ils étaient, en effet, hors d'atteinte des balles. Mais soudain un obus tomba au milieu d'eux, puis un second, puis un troisième.

Ils furent criblés.

Ils ne savaient d'abord d'où partaient les coups, mais quand ils virent une auréole de fumée à la cime du clocher de San-Ildefonse, ils comprirent, et partout l'ordre fut donné de se garder des feux de cette terrible batterie plongeante.

La nouvelle que les Français damnés avaient garni l'église de pièces, circula dans tous les quadres et la garnison nous invectiva à travers les créneaux, nous lançant les épithètes les moins flatteuses.

On lui répondit par des éclats de rire et par le tir de la batterie aérienne.

Les travaux dirigés contre Santa-Inez inquiétaient l'ennemi ; il voulut tâter nos troupes de blocus et se rendre compte de la résistance qu'elles opposeraient dans le cas où, forcé de quitter Puebla, il chercherait à opérer sa retraite en passant à travers le cordon de redoutes dont nous avions enveloppé la ville.

Une forte sortie eut lieu le 22, dans la nuit, sur l'hacienda de San-Francisco. Après avoir été repoussé, l'ennemi en fit une seconde dans la matinée et la dirigea sur nos ouvrages entre San-Baltazar et le moulin de Guadalupe. Les Mexicains furent de nouveau refoulés dans la place ; mais cet engagement coûta malheureusement la vie au capitaine Audin, du 62e, tué en chargeant l'ennemi à la baïonnette à la tête de ses grenadiers.

Cette sortie préludait au combat de San-José, que nous avons raconté précédemment afin d'entremêler les luttes de cavalerie du dehors et celles de l'infanterie dans la place, et pour jeter de la diversité dans notre récit.

Le 23, dans la nuit, sur la droite en dehors de la place, on entreprit d'élever près du moulin de Huexotitlan une batterie qui, quoique un peu éloignée, porta ses projectiles sur les derrières de Santa-Inez.

Du 22 au 24, on poussait vigoureusement dans Puebla les travaux qui préparaient l'assaut de Santa-Inez.

Tout avait été disposé dans la journée du 24 pour cette attaque. Le génie avait creusé sous la rue des galeries dont deux aboutissaient à des fourneaux chargé de trois cent-cinquante kilogrammes de poudre. L'artillerie avait disposé dans le quadre 30, près de Santa-Inez, une batterie de quatre pièces de 12 et de quatre obusiers pour faire brèche et battre l'intérieur du couvent ennemi. Rien n'avait été négligé pour assurer le succès de cette attaque. Malheureusement, le 24 au soir, il survint un violent orage qui inonda les tranchées, et l'eau envahit les galeries. Le général Douay fit alors mettre le feu aux mines, qui produisirent l'effet qu'on attendait.

L'explosion fut terrible.

Les juaristes abandonnèrent Santa Inez, qui, chancelant sur la base, menaçait de s'écrouler. La panique dura une heure, au bout de laquelle la garnison comprit que tout ce qui devait sauter s'était écroulé au moment de la détonation ; l'église et le couvent furent réoccupés, les assiégés passèrent la nuit à réparer le gros des désastres causés par la mine.

Ce malencontreux orage, qui nous força à allumer nos fourneaux trop tôt, nous fut fatal. Si nous avions pu faire brèche avant de mettre le feu aux mèches, lancer ensuite nos colonnes, le fort était à nous, tant l'ennemi était démoralisé.

Une mine épouvante toujours une troupe, cette troupe fût-elle très-solide.

Ce danger de sauter est si terrible, on est tellement dépourvu de ressources contre lui, que les meilleurs soldats se disent :

— A quoi bon rester sur un volcan qui, en éclatant, nous tuera sans profit pour personne ?

Et ils fuient.

Cette pluie torrentielle dérangea toutes nos combinaisons.

Prévoyant l'assaut du lendemain, Ortega envoya cinq mille hommes dans le couvent de Santa-Inez : c'était un véritable corps d'armée.

La batterie du quadre 30 n'en ouvrit pas moins le feu au point du jour ; à neuf heures et demie, la brèche était faite.

Mais quelle brèche ! Une étroite échancrure située à cinq mètres du sol !

Un bataillon du 1er zouaves devait enlever la redoute ; il avait deux passages devant lui ; il forma deux colonnes ; elles défilèrent sous le feu d'une barricade ennemie, laquelle coupait à une certaine hauteur la rue qui nous séparait de Santa-Inez.

La brèche donnait accès dans un jardin ; en arrière du jardin se trouvait le couvent garni de troupes.

La colonne de droite, suivant son chemin pour aborder le couvent, trouva le jardin barré dans toute sa largeur par une énorme grille de fer ; les pointes de cette grille, recourbées en avant, étaient affilées en fer de lance.

Derrière la grille, un immense fossé, surmonté d'un parapet, était garni de défenseurs qui tiraient à coups sûrs, sans se découvrir, à travers des créneaux. Les balles passaient entre les barreaux de la grille.

Enfin, des murailles du jardin, à droite et à gauche, les projectiles pleuvaient de meurtrières étagées ; et au fond, des fenêtres du couvent, partait une furieuse fusillade.

Ce n'est pas tout.

A fleur de terre, les murs qui s'étendaient sur les flancs de la colonne étaient percés de trous, et dans ces trous étaient braqués des obusiers dont les gueules de bronzes vomissaient la mitraille, à hauteur des jambes de nos zouaves ; aussitôt que ceux-ci tombaient, des lingots de fer trouaient les poitrines, qui se trouvaient alors assez basses pour être atteintes. Qui n'eût pas fui, et fui au plus vite dans cette atroce situation ?

Eh bien ! les zouaves restèrent.

Ils bondirent contre la grille, tentèrent, athlètes héroïques, de l'ébranler ; la secouèrent avec frénésie ; puis, ne pouvant l'abattre, ils se hissèrent sur les pointes, y meurtrissant leurs poitrines.

Une trentaine réussirent à s'établir au sommet de cette barrière de fer, mais la fusillade les jeta au fond du fossé ; douze restèrent suspendus aux crochets et ne furent retirés qu'après la bataille.

L'un d'eux avait une plaie pénétrante de huit pouces ; le crampon s'était enfoncé dans sa cuisse ; longtemps il vécut, se débattant au-dessus du fossé ne lâchant pas sa carabine ; sa main crispée tenait encore son arme quand les juaristes l'enlevèrent.

Il se débattit une heure avant de mourir, et reçut vingt coups de feu au moins avant de rendre l'âme. Les assiégés le voyaient distinctement, ils étaient à vingt pas derrière leur fossé, s'agiter convulsivement, se tordre sous chaque coup. A la huitième blessure, nous affirma un officier juariste, il criait encore : Vive la France ! On compta sur son cadavre plus de cent blessures, quand on l'enterra.

Après la reddition, les officiers qui avaient assisté à ce spectacle nous disaient :

— Des tigres mordant les barreaux de leur cage ne donneraient pas l'idée de ce qu'étaient vos zouaves acharnés contre la grille de Santa-Inez. Nos soldats avaient froid dans le cœur à l'idée qu'un barreau ou deux pouvaient céder.

Les zouaves de cette colonne de droite ne reculèrent pas ; ils se firent massacrer sur place, et si le combat cessa sur ce point, ce fut faute de combattants.

Sur la gauche, la seconde colonne s'était élancée vers une galerie qui menait au couvent.

Pour y arriver, elle franchit des rangées de trous-de-loup et de chevaux-de-frise liés entre eux ; ils bondirent par-dessus ces obstacles et s'engagèrent dans le couloir. L'ennemi supposait si peu qu'on pût pénétrer par là, qu'il n'y avait personne à l'entrée de ce passage.

Monsieur Saleta, un officier d'une force herculéenne, tenait la tête ; il entraîna sa troupe derrière lui ; les zouaves passèrent par-dessus dix murailles, démolirent les cloisons des appartements, et arrivèrent à une chambre qui avait vue sur une cour intérieure.

Monsieur Saleta, arrivé le premier à cette fenêtre, fit feu de son revolver sur les Mexicains qui accouraient dans cette cour, et pendant quelques minutes il leur tint tête, les empêchant de pénétrer dans un corridor dont l'importance était grande pour nous.

Bientôt ce corridor fut envahi par les zouaves, qui dès lors commandèrent la cour intérieure par leur fusillade.

Les assiégés, terrifiés malgré leur nombre, s'étaient repliés de cette partie du couvent, et ils s'attendaient, non sans effroi, à nous voir arriver des renforts.

Les deux cents zouaves de cette colonne, solidement établis dans le corridor, espéraient aussi qu'on leur viendrait en aide ; malheureusement ils n'avaient pas un seul clairon pour sonner à l'aide et communiquer avec nos réserves par les sonneries.

Quand on vit, du haut des clochers, nos troupes de droite anéanties, on crut que tout était perdu ; on supposa qu'il en était de même pour celles de gauche, du sort desquelles on ne pouvait juger, puisqu'elles étaient retranchées dans les bâtiments, où nos vedettes n'avaient pas vue.

Comme cela était arrivé déjà, on se persuada que ceux qui avaient pénétré étaient exterminés ou prisonniers et l'on n'envoya pas à leur aide.

Alors se renouvela la scène du quadre de San-Agustin.

Nos zouaves tinrent bon contre toute la garnison ennemie; ils se battirent de neuf heures du matin jusqu'à une heure.

Après maintes tentatives inutiles, l'ennemi prit un moyen extrême; il amena à force de bras des pièces d'artillerie devant le corridor, il y fit brèche et donna un assaut que les zouaves repoussèrent. Même avec leurs canons, les juaristes n'arrivaient pas à nous débusquer. Enfin, ils parvinrent à ouvrir tant de créneaux dans les planchers couvrant le corridor, qu'ils tinrent les zouaves sous leurs fusils. Ceux-ci, sans vivres et à bout de cartouches, firent une capitulation des plus honorables; ils se rendirent au nombre de cent quarante-huit; parmi eux huit officiers. Le reste était tué.

Cette journée nous coûta trois cents hommes hors de combat et ces prisonniers, c'est-à-dire l'effectif presque entier du bataillon.

Nous avions échoué, mais cette fois comme toujours, nous avions ajouté à notre prestige et illustré nos armes. Cet assaut fut le dernier. Quoiqu'il n'eût pas réussi, il avait tellement épouvanté l'ennemi que celui-ci songea dès lors à se rendre.

SAN-LORENZO

Marche de nuit. — Les cris lointains. — Les éclaireurs. — Alerte. — Surprise. — Les turcos au feu. — Le 51ᵉ et les zouaves. — Les officiers sur les baïonnettes. — Les drapeaux. — Une scène effrayante. — Pitié! — Traits d'héroïsme. — Un officier prussien au Mexique. — Un aide de camp du roi de Suède. — D'un général qui broie les armées.

Le lecteur se souvient sans doute que les juaristes avaient un corps d'armée de 12,000 hommes, tournant autour des troupes bloquant la place, pour chercher à rompre ce cordon de redoutes et de postes fortifiés qui empêchait toute communication entre Puebla et l'extérieur.

A différentes reprises, et notamment le 5 mai (combat de San-Pablo-del-Monte et d'Acapulco), ce corps ennemi avait fait des tentatives appuyées par des sorties de la garnison; mais c'était en vain que Comonfort avait essayé de lancer son convoi dans la ville; il n'avait pu percer notre ligne d'investissement.

Il comprit que ses coups de main ne réussiraient jamais et qu'il lui fallait livrer une bataille sérieuse, en engageant à fond toutes ses troupes.

Il s'établit, en conséquence, à San-Lorenzo, sur une hauteur, à plusieurs kilomètres de nos camps; il se retrancha formidablement dans cette position, espérant s'y maintenir et y guetter une occasion favorable. En face de lui se dressait un fort mamelon, le *cerro de la Cruz*, d'où l'on dominait une partie du cercle d'ouvrages par lesquels nous enveloppions Puebla. Comonfort comptait couronner un jour cette colline, y établir son artillerie, foudroyer nos retranchements, les couper par une double attaque (la sienne et une sortie de la garnison), jeter son convoi dans la place et la ravitailler.

Le général allié Marquez établit ses avant-postes sur le Cerro-Juan et se tint prêt à contenir notre adversaire.

Celui-ci fit un effort dès le lendemain de sa défaite du 5 mai; il voulut voir si nos auxiliaires faisaient bonne garde; ses pionniers travaillant à ses retranchements, il se porta en avant.

Donc, le 6, dans la matinée, son armée descendit des hauteurs de San-Lorenzo et repoussa les avant-postes du général Marquez. Celui-ci reprit bientôt l'offensive. En voyant arriver le général Douay avec ses renforts, l'ennemi se retira et l'affaire se borna à une vive canonnade.

A quatre heures et demie du soir, l'armée de secours avait disparu en arrière des hauteurs de San-Lorenzo. De son côté, la place avait dirigé une sortie sur Santa-Maria, et elle avait été vivement repoussée par le général L'Hériller.

Comonfort était retourné dans son camp le soir même, 6 avril.

Les douze mille hommes dont se composait son armée étaient tous réunis à San-Lorenzo; l'église transformée en redoute, et flanquée de tranchées couvrait ses bivacs.

Il méditait d'exécuter le lendemain une attaque générale; cette fois il devait livrer une vraie bataille; mais le général Forey surveillait depuis longtemps ces manœuvres. Notre général en chef résolut de détruire cette armée de secours; qui nous menaçait depuis le commencement du siège; il jugea l'heure propice.

Au lieu de renforcer les points vulnérables du blocus, le général eut l'idée audacieuse d'aller livrer bataille à Comonfort dans ses retranchements, de les enlever et de se débarrasser de son dangereux voisinage.

En conséquence, on tira de différents points quatre bataillons d'infanterie, formant brigade, et on les massa en grand secret vers le pont dit de Mexico.

On y joignit six pièces (batteries de la garde) et deux obusiers de montagne (marine).

Plus une section du génie.

Au dernier moment, on fit prendre les devants à quatre escadrons, précédés des excellents éclaireurs du colonel de La Pena.

Une brigade d'infanterie (3ᵉ zouaves, turcos, 51ᵉ de ligne) se trouvait sous les ordres du général Neigre; la cavalerie était commandée par le général de Mirandol et le colonel de Barrail. Le général Bazaine dirigeait en chef.

On partit à une heure du matin; il fallait surprendre l'ennemi.

Nos troupes excellent dans ces **marches** de nuit; elles avancent sans bruit et rapidement, se dérobant habilement.

Bientôt on aperçut des feux mourants. C'étaient ceux d'un détachement de cavalerie ennemie qui surveillait la route; nous étions perplexes, inquiets. Ces lanceros allaient donner l'éveil. Tout à coup un faible cri, glissant dans l'air, arriva jusqu'à nous; presque en même temps une clameur étouffée, à peine sensible, troubla légèrement le silence de la nuit; puis les feux s'éteignirent. C'était de la Pena qui avait surpris ce poste.

— En avant! marche! — ordonnèrent les officiers à voix basse.

Et les bataillons s'ébranlèrent de nouveau; aucun coup de feu ne donna l'alarme.

Le colonel de La Pena enleva tous les avant-postes, sabrant les sentinelles et capturant les piquets de cavalerie; il devinait les positions de ces détachements, les tournait et rabattait sur eux.

Les éclaireurs étaient du reste rompus à ce métier, et ils rendirent d'immenses services, cette fois comme toujours.

Il importait de tomber brusquement sur les retranchements; car si l'ennemi avait le temps de se reconnaître, il pouvait nous écraser sous le nombre, avec une artillerie très-supérieure (nous parlons comme qualité).

On arriva en face de la redoute vers cinq heures du matin.

Le général Bazaine fit former ses bataillons en colonnes et les plaça par échelons. La cavalerie flanquait les fantassins sur la gauche. Deux compagnies de zouaves furent déployées en tirailleurs.

On marcha ainsi contre la position.

Nous étions à un kilomètre, quand les Mexicains éveillés enfin par les factionnaires des faisceaux coururent aux armes.

On ne leur donna pas le temps de s'organiser solidement. Leurs canonniers firent feu, il est vrai, mais monsieur de Lajaille établit nos batteries en un clin d'œil.

Celle de la garde, sous le capitaine Vaudrez, pointa si juste, qu'elle éteignit en peu d'instants le feu de l'ennemi.

Monsieur de Paris, un enseigne, fit aussi merveille avec ses petits obusiers.

Déjà les deux compagnies de zouaves lancées en tirailleurs avaient gravi les pentes ; celle de gauche, capitaine Mariani, se jetait sur la batterie et s'emparait des canons ; puis elle chassait les Mexicains de l'église San-Lorenzo, qui formait le réduit du fort. Brillamment secondée par la compagnie de droite, elle se maintint, fusillant la ligne de bataille, qui s'organisait en grande hâte.

Pour profiter du désarroi des juaristes, les colonnes prenant le pas de course, accoururent et se jetèrent sur l'infanterie mexicaine ; le chef de bataillon du 51e, monsieur de Longueville, enleva ses hommes avec une bouillante valeur ; le capitaine de Musset, s'élançant, vint faire cabrer son cheval sur les baïonnettes ennemies, électrisant les compagnies de tête, qui entamèrent une lutte très-brillante à l'arme blanche. Un fusilier nommé Gonnord, et un caporal nommé Maingon, trouant les rangs devant eux, atteignaient deux fanions et s'en emparèrent. Près de là, un sergent nommé Dupuis, un instant cerné, se dégageait en tuant cinq ou six hommes.

De tous côtés, les officiers donnaient tête basse au milieu des masses et les compagnies s'enfonçaient à travers les bataillons.

Sur un autre point, le 3e zouaves foudroyait l'ennemi avec sa fougue accoutumée ; le lieutenant-colonel, monsieur Arnaudeau, avait guidé ses soldats avec une rare intelligence.

Là aussi les officiers avaient enfoncé leurs éperons aux flancs de leurs chevaux et avaient abordé les rangs en cavaliers. Chevaleresque intrépidité qui fascine les soldats! Les capitaines Pasquoz et Rigault avaient eu leurs montures tuées sous eux.

Bien lancés par le commandant de Briche, les zouaves frappèrent les lignes juaristes comme un bélier frappe une muraille.

Tout fut renversé devant eux.

Un rapide épisode, résistance acharnée d'une part, effort surhumain de l'autre, se déroula autour du drapeau juariste. Une troupe d'élite le défendait ; elle fut couchée en peu de temps sur le sol, et sur les cadavres amoncelés, le sous-lieutenant Henri s'empara de l'étendard. Près de là, le sous-lieutenant Colon sabrait une dizaine de fantassins qui entouraient un de mes capitaines, blessé et forcé de combattre, adossé à un arbre. Bientôt après, le zouave Stum engageait une lutte avec un porte-drapeau et les Mexicains qui entouraient l'étendard, s'empara de celui-ci après avoir reçu plusieurs blessures et tué ses adversaires.

L'ennemi fut repoussé sur ce point comme sur celui qu'attaquait le 51e de ligne.

Les turcos avaient chargé aussi avec cette *furia* qui les distingue dans leurs beaux jours ; ils se trouvèrent en présence de colonnes épaisses, confuses, mais très-supérieures en nombre et faisant un feu des plus vifs.

Le commandant Coterot fut blessé ; un capitaine, monsieur Bezard, reçut une balle ; plusieurs autres officiers tombèrent. Le capitaine Estelle, entraînant sa compagnie sous les balles, la porta en avant, et tout le bataillon s'ébranla en poussant ces rugissements de panthère qui sont le cri de guerre de cette troupe algérienne.

Les juaristes tinrent énergiquement d'abord, mais assourdis par les féroces clameurs de nos Arabes, hachés par eux, ils plièrent. Les turcos redoublant d'ardeur, se ruant aux drapeaux avec un entrain indescriptible, en prirent deux et quatre fanions.

Brillant fait d'armes qui les anima d'un légitime orgueil.

Rompu de toutes parts, poussé l'épée aux reins, l'ennemi se débanda, cherchant un refuge de l'autre côté du ruisseau Atoyac, et courant pour le franchir vers le gué de Pensacola.

Mais le général Marquez se jetant sur un flanc, le général Mirandol se jetant sur l'autre, les bataillons de Comonfort se trouvèrent serrés, comme dans un étau entre ces deux troupes ; nos cavaliers entraient au milieu des flots de fuyards, les renversant du poitrail de leurs chevaux ; et les vagues de cette mer humaine refluaient au centre comme celles de l'Océan, qui, à la marée descendante, passent entre deux lignes de brisants.

L'artillerie, poussant en avant, balaya de mitraille ces masses qui s'entassaient entre nos escadrons ; il y eut un moment si épouvantable que tout un bataillon, se jetant à genoux, demanda grâce à grands cris ; on le fit prisonnier.

Le reste de l'armée, s'épandant dans la plaine, disparut à toute vitesse dans une indicible confusion, et nos cavaliers, las de tuer, émus d'un pareil désastre remirent leurs sabres aux fourreaux et laissèrent ces malheureux gagner l'espace...

Notre victoire était effrayante pour nous-mêmes ; de pareils succès écrasent d'étonnement ceux qui les remportent. Nous avions détruit, pulvérisé cette nombreuse armée si menaçante pour notre corps de siège ; douze cents morts ou blessés gisaient des retranchements aux rives de l'Atoyac, semés dans les sillons tracés par la retraite.

Mille prisonniers accroupis au pied de la redoute, contemplaient d'un œil morne la scène de désolation que présentait le champ de bataille ; derrière eux, huit canons rayés tombés en notre pouvoir dominaient les groupes sombres de ces vaincus, au-dessus desquels flottaient trois drapeaux et onze fanions enlevés pendant le combat et couronnant les batteries, trophées de notre victoire.

Puis au loin, en longues files, des voitures chargées de vivres, des fourgons contenant trois mille six cents kilogrammes de poudre, et des caissons chargés de munitions, s'acheminaient vers nos camps de Puebla.

C'était le convoi qui devait ravitailler la place et que notre cavalerie avait saisi.

L'intendant général, monsieur Volf, avait organisé ce convoi avec tant d'intelligence et d'adresse, au moment où nous l'enlevions, que pas une mule ne nous échappa ; un brigadier du train, nommé Lipacher, se signala aussi dans cette opération par sa vigueur.

Dans le service des ambulances, un chirurgien, monsieur Lanthelme, se distingua en pansant sous le feu tous les blessés, amis et ennemis.

Nous ne pouvons citer tous les braves dont les noms figurent à l'ordre de l'armée, mais nous devons un bon souvenir à ce vaillant officier suédois, monsieur Trieson, qui, envoyé par son gouvernement auprès de nous, lutta d'héroïsme avec nos plus brillants officiers, et mérita un magnifique éloge du général en chef.

La Prusse avait détaché à notre état-major un de ses meilleurs officiers. Le baron de Stein, lieutenant-colonel au service du roi de Prusse, dans ce combat, comme toujours, montra un zèle infatigable en allant au-devant du danger.

Telle fut cette bataille où le général Bazaine déploya ces qualités militaires qui en font un des premiers capitaines de notre époque ; habilement secondé par les généraux Neigre, de Mirandol et Marquez, ayant dans le colonel du Barail un précieux entraîneur de cavalerie, il porta un des plus terribles coups de massue de cette campagne.

On ne peut pas dire que le général Bazaine bat l'ennemi, c'est trop peu, il le détruit. Selon le mot de Comonfort : « Les armées fondent sous sa main. »

LA CAPITULATION.

Le désastre de San-Lorenzo avait découragé la garnison ; elle ne pouvait plus compter sur aucun secours.

Nous reprenions toute notre liberté d'action, et nous pûmes changer notre système d'attaque.

Avant de continuer à donner des assauts à la seconde enceinte, nous nous décidâmes à prendre tous les forts de la première. Du dehors, un corps de troupes françaises chemina par des tranchées sur Totimehuacan, clef de la face est de la première ceinture, où nous n'avions pas encore pied.

On conçoit quelle force devait nous donner cette attaque si elle réussissait ; toute la première enceinte eût été à nous ; nos mouvements devenaient libres ; nous pouvions alors foudroyer sur quatre faces par des feux deux fois croisés toutes les redoutes intérieures.

En conséquence, l'ordre fut donné de garder avec un soin extrême toutes les positions dont nous étions maîtres dans la partie opposée de la ville. Le 1er de zouaves en forma la garnison, et le gros de nos forces se porta dès lors sur la partie est.

Les travaux furent entrepris.

Le 10 et le 11 furent consacrés aux préparatifs nécessaires.

Le 12, à la tombée du jour, la première parallèle fut ouverte. Les batteries de gauche firent une forte diversion pour détourner l'attention de l'ennemi.

Le 13, à sept heures du matin, l'ennemi fit une sortie du fort de Totimehuacan, et poussa vivement contre notre parallèle ; mais il fut accueilli par un feu des mieux nourris, et il dut rentrer en désordre dans l'ouvrage, laissant sur le terrain un grand nombre de morts. On compléta la parallèle, et l'artillerie commença ses batteries.

Le 14, une suspension d'hostilités fut accordée à l'ennemi pour lui permettre de relever ses morts en avant de Totimehuacan.

On poursuivit les travaux d'approche et les batteries.

Un fort détaché se trouvait en avant de la ligne des redoutes (le rancho de la Madelana) ; on en était très-rapproché. Le 15, à la nuit, il fut enlevé, l'ennemi fit vainement une sortie pour le reprendre. On continua le travail des tranchées, et l'artillerie termina et arma dix batteries.

Le 16, à six heures du matin, toutes ces batteries ouvrirent un feu sur le front d'attaque de Totimehuacan, portant leurs projectiles sur Carmen. En même temps, les batteries des attaques de gauche, ainsi que les canons et mortiers mexicains en notre pouvoir, battaient la ville. L'ennemi riposta avec beaucoup d'énergie ; mais, écrasé par un tir convergent et bien dirigé, il finit par ne plus répondre que faiblement vers huit heures du matin.

Depuis le 14, des ouvertures confidentielles de capitulation nous avaient été faites par un aide de camp du général Ortega. Le 16, le général de Mendoza vint en parlementaire, dans l'après-midi, nous dire que les seules conditions admissibles seraient, pour la garnison, de sortir avec les honneurs de la guerre, de défiler devant l'armée française, de déposer ses armes et de se rendre prisonnière de guerre.

Conditions repoussées.

Pendant la nuit, l'ennemi brisa ses armes, encloua ses canons, détruisit une partie de ses munitions, licencia ses soldats, et au point du jour, le général Ortega écrivit au général en chef que la place était à sa disposition.

Le 17 au matin, le colonel Manèque, sous-chef d'état-major général, avec le 1er bataillon de chasseurs à pied, fut envoyé pour prendre les premières mesures que comportait l'occupation de la ville.

Le 19, le général en chef fit son entrée solennelle dans Puebla, accompagné des généraux, des états-majors, des chefs de service, ainsi que d'une colonne composée de fractions de diverses armes.

Le général Forey fut reçu à la porte de la cathédrale par le chapitre métropolitain, et conduit au chœur, où le *Te Deum* et le *Domine salvum* furent chantés. Après cette cérémonie, les troupes défilèrent.

L'ennemi a allégué pour expliquer la reddition de la ville, qu'il n'avait plus ni vivres ni munitions. Cela n'était pas exact. La ville offrait encore des ressources importantes et une grande quantité de munitions. Ce n'étaient donc pas là les vrais motifs qui firent cesser la résistance. Il faut les chercher ailleurs. La défaite et la dispersion de l'armée de Comonfort le 8 mai, ayant enlevé à la garnison tout espoir d'être secourue ou ravitaillée, l'avait fortement démoralisée. L'attaque de Totimehuacan ne l'accabla pas moins. Nos adversaires avaient pris la première parallèle pour une simple tranchée d'investissement, et la sortie du 13 avait pour but de vérifier si les issues étaient complétement fermées dans cette partie. Malgré le fâcheux résultat de cette tentative, les généraux mexicains paraissaient avoir conservé des illusions sur la possibilité de s'échapper de ce côté, et ne pas avoir soupçonné l'importance des travaux que nous y avions exécutés.

Le feu terrible de nos batteries, dans la matinée du 16, en bouleversant tout le front de Totimehuacan, les tira de leur erreur et leur fit entrevoir le côté faible de la défense. Nous voyant attaquer par l'ouest, ils y avaient accumulé tous leurs moyens de résistance et négligé la partie orientale. Lorsque nos efforts se portèrent de ce côté, ils ne se dissimulèrent pas que l'assaut de Totimehuacan serait promptement suivi de la prise de la ville. On n'avait pas laissé ignorer au parlementaire que si la garnison attendait l'assaut général, elle serait, selon les lois de la guerre, passée au fil de l'épée. Telles sont les véritables raisons qui ont déterminé la reddition de Puebla. Les Mexicains n'ont cessé la résistance, non parce qu'ils manquaient de vivres ou de munitions, mais parce que la prise de vive force de la ville était imminente et qu'ils se reconnurent impuissants à l'empêcher.

Les résultats de la prise de Puebla étaient considérables : nous avions entre les mains : vingt-six généraux, deux cent-vingt-cinq officiers supérieurs, huit cents officiers subalternes, onze mille prisonniers, cent cinquante pièces de canon en bon état, des armes et des munitions en assez grand nombre. Les drapeaux ont sans doute été détruits ou cachés ; on a retrouvé celui du bataillon de Zacatecas.

Le siége était fini.

Il en fut de plus longs ; on en vit de plus importants ; jamais il n'y en avait eu de plus bizarre.

L'armée assiégeante était moins forte que la garnison et l'armée de secours ; les défenses étaient formidables, et leur singularité, leur irrégularité étaient une force de plus. On se heurtait sans cesse contre l'imprévu ; on marchait vers l'inconnu.

Toutes les règles de la défense étaient bouleversées, toutes les lois du génie militaire étaient renversées ; jamais on n'avait entassé dans une place de guerre autant d'enceintes successives ; jamais non plus on n'avait accumulé plus d'obstacles, improvisé plus de barrières puissantes.

Une nouvelle école s'est formée depuis ce siége, qui prône un nouveau système ; nous n'avons pas à juger ici cette question de l'art militaire, mais nous pouvons affirmer que le génie français, qui sut triompher à Puebla, saurait au besoin mettre à profit ce qu'il a trouvé de bon dans la méthode ennemie.

En un mot, Puebla était devenu, sous la main habile du brave et chevaleresque Mendoza, une place de guerre de premier ordre ; nul doute qu'au besoin, nos généraux sauraient, comme lui, appliquer ce système qui consiste à transformer une ville ouverte en une ville fermée, dont tous les édifices et les îlots de maisons, s'appuyant les uns sur les autres et se reliant par des barricades, devenaient autant de redoutes et formaient une quintuple enceinte autour d'une citadelle centrale.

Quant aux engins de destruction vraiment surprenants dont chaque quadre était garni, il suffirait de laisser nos soldats à leur initiative individuelle, pour que les ingénieurs juaristes fussent dépassés.

En somme, la garnison se défendit bien au point de vue des ouvrages qu'elle créa, mais elle ne se battit pas aussi énergiquement qu'elle aurait pu le faire, car chaque fois que nos soldats purent l'aborder à l'arme blanche, elle lâcha pied ; il n'est pas difficile de tenir ferme derrière un créneau ; tant que l'on n'est pas menacé par une baïonnette, on n'y court aucun danger.

Nous en conclurons que les soldats n'étaient pas très-dévoués à la cause pour la défense de laquelle on les avait enrôlés de force.

Si une armée française se fût trouvée dans Puebla, on ne l'aurait prise que par la famine, quel que fût l'assaillant.

Nous ne terminerons pas sans rappeler que Mendoza fut le vrai défenseur de la place avec Negrete.

Quant à Ortega et aux autres généraux, on les jugera d'un seul trait quand nous aurons raconté qu'ils s'enfuirent honteusement après avoir juré leur parole d'honneur qu'ils resteraient prisonniers loyaux entre nos mains. Quels caractères !

On sait qu'après cette évasion honteuse, un de nos officiers fit traduire l'épisode de Regulus et l'envoya par des Indiens à chacun de ces généraux ; certes, l'épigramme était sanglante.

Que fit Ortega, en recevant sa lettre ? Il fit pendre le messager. Heureusement le pauvre diable fut sauvé par par un colonel juariste, honteux de la conduite de son supérieur.

La ville était prise, la première partie de la campagne était finie ; rien ne s'opposait plus à notre marche sur Mexico ; nous avions triomphé.

Lorsque Juarez et les troupes dont il disposait encore quittèrent Mexico, la population nous envoya une députation pour notre arrivée, et le 10 juin, notre armée y faisait son entrée au milieu d'acclamations enthousiastes.

On profita de toutes les ressources trouvées dans Puebla pour réorganiser l'armée alliée. On lui donna des canons, des armes, quelques effets de harnachement, d'équipement et d'habillement.

On incorpora dans les troupes de Marquez tous les prisonniers qui désiraient servir. Le chiffre des forces qui obéissaient directement au général Marquez s'élevaient ainsi à sept mille trois cents hommes de toutes armes et de onze cents chevaux.

Tel fut le noyau de l'armée qui défendit l'empire contre Juarez et les siens.

FIN DE LA CAMPAGNE DU MEXIQUE.

TABLE DES CHAPITRES CONTENUS DANS CET OUVRAGE.

	Pages.
AVANT-PROPOS	199
L'embarquement	201
La traversée	202
Débarquement	203
La Vera-Cruz	205
Premières marches	206
Les ambulances d'Orizaba	207
Marche sur les Cumbrès	208
Les bivacs	210
Combat de Cumbrès	211
Assaut de la Puebla	212
Retraite de Puebla	213
Retour à Orizaba	214
Combat d'Acucingo	215
Blocus d'Orizaba	216
Le théâtre	218
Le ruisseau des pierres	219
Combat du Cero-Borego	220
Bombardement d'Orizaba	222
Les enfants perdus	223
Combat de Camarone	224
Marche du 1er zouaves	226

	Pages.
Nos adversaires	227
Le chasseur d'Afrique	229
Combat de San-José	230
Investissement de Puebla	231
(suite)	233
Les camps devant Puebla	234
Combat de Cholula	235
Les batteries	237
La première parallèle	238
Les francs-tireurs	240
Le bombardement	241
Assaut du Pénitencier	243
Guadalupité	245
Assaut de San-Marco	246
Atlisco	247
Assaut de San-Agustin	250
Le Redan de l'usine	252
Acapulco et San-Pablo	253
Santa-Inez	255
San-Lorenzo	257
La capitulation	259

FIN DE LA TABLE.

Paris. — Imprimerie J. Voisvenel, rue Chauchat, 14.